글 서지원

한양대학교를 졸업하고《문학과 비평》에 소설로 등단해, 지식과 교양을 유쾌한 입담과 기발한 상상력으로 전하는 이야기꾼입니다. 지식 탐구 능력과 창의적인 문제 해결 능력을 스토리텔링으로 풀어낸 책 250여 종 중에서 중국, 대만 등에 수십 종의 스토리텔링 책이 수출되었고, 서울시 올해의 책, 원주시 올해의 책, 문화체육관광부와 한국도서관협회가 뽑은 2012 우수문학도서 등에 선정되었습니다. 2009 개정 초등 국정 교과서와 고등 모델 교과서를 집필했고, 초등학교 4학년 2학기 국어 교과서에 동화가 수록되었습니다. 쓴 책으로는 《마지막 수학전사 1~5》《몹시도 수상쩍은 과학교실 1, 2, 3》《빨간 내복의 초능력자 1~5》 《즐깨감 수학일기》《즐깨감 과학일기》《수학 도깨비》《소원 들어주는 음식점》 등 많은 책이 있습니다.

그림 임대환

대학교에서 디자인을 전공하고 캐릭터, 애니메이션, 게임 회사에서 일했으며 현재 프리랜서 일러스트레이터로 그림책 작업을 하고 있습니다. 그린 책으로《마지막 수학전사 1~5》 《닮고 싶은 창의융합 인재 4: 세종대왕》《Monsters at Work》《The Rainbow Story》 《Mike's mess》와 창작그림책《콩》《Sun, wind, clouds, rain》 등이 있습니다.
lbayabal.wix.com/bayaba

감수 와이즈만 영재교육연구소

창의 영재수학과 창의 영재과학 교재 및 프로그램을 개발했습니다. 구성주의 이론에 입각한 교수학습 이론과 창의성 이론 및 선진 교육 이론 연구 등에도 전념하고 있습니다. 국내 최고의 사설 영재교육 기관인 와이즈만 영재교육에 교육 콘텐츠를 제공하고 교사 교육을 담당하고 있습니다. 이 책을 책임 감수한 분은 김진아 연구원입니다.

마지막 수학 전사

와이즈만 수학동화

마지막 수학전사
❸ 미노타우로스의 저주를 풀다

1판 1쇄 발행 2015년 8월 10일
1판 6쇄 발행 2025년 2월 28일

서지원 글 | 임대환 그림 | 와이즈만 영재교육연구소 감수

발행처 와이즈만 BOOKs
발행인 염만숙
출판사업본부장 김현정
편집 김예지 양다운 이지웅
디자인 윤현이
마케팅 강윤현 백미영 장하라

출판등록 1998년 7월 23일 제 1998-000170
제조국 대한민국
사용 연령 8세 이상
주소 서울특별시 서초구 남부순환로 2219 나노빌딩 5층
전화 마케팅 02-2033-8967 편집 02-2033-8928
팩스 02-3474-1411
전자우편 books@askwhy.co.kr
홈페이지 mindalive.co.kr

저작권자 ⓒ 2015 서지원 임대환
이 책의 저작권은 서지원 임대환에게 있습니다.
저자와 출판사의 허락 없이 내용의 일부를 인용하거나 발췌하는 것을 금합니다.

이 도서의 국립중앙도서관 출판시도서목록(CIP)은 서지정보유통지원시스템 홈페이지
(http://seoji.nl.go.kr)와 국가자료공동목록시스템(http://www.nl.go.kr/kolisnet)에서
이용하실 수 있습니다. (CIP제어번호 : CIP2015018471)

* 와이즈만 BOOKs는 (주)창의와탐구의 출판 브랜드입니다.

서지원 글 | 임대환 그림 | 와이즈만영재교육연구소 감수

마지막 수학 전사

3 미노타우로스의 저주를 풀다

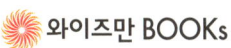
와이즈만 BOOKs

| 차 례 |

작가의 글 6
등장인물 8
지난 줄거리 10

Mission 1
디도 공주를 구출하라 13
원둘레와 원의 넓이

신화 이야기 **미노타우로스의 탄생** 40

Mission 2
얼음 성벽을 깨뜨려라 45
원뿔과 원기둥

신화 이야기 **미노타우로스를 무찌른 테세우스** 62

Mission 3
미노타우로스의 저주를 풀어라 69
직육면체의 겉넓이

신화 이야기 **조각상과 사랑에 빠진 피그말리온** 86

Mission 4
크노소스의 미로 93
직육면체의 부피와 들이

신화 이야기 **고르곤 세 자매** 116

Mission 5
세트를 추방하라 119
여러 가지 문제 해결

신화 이야기 **그라이아이 세 쌍둥이** 150

| 작가의 글 |

새는 알을 깨고 세상에 나온다

인간은 두 번 태어난다. 첫 탄생은 부모에게서 육체적 생명을 얻어 세상 밖으로 나오는 것이고, 그 다음 탄생은 자신 스스로 거듭나 정신적 생명을 얻는 것이다. 즉 자신을 에워싸고 있는 단단한 껍질을 스스로 깨야만 진정한 어른으로 다시 태어날 수 있다. 마치 애벌레가 고통스럽게 허물을 벗어야 화려한 나비로 태어나는 것처럼.

이 책은 내가 어린 시절에 읽었던 헤르만 헤세의 《데미안》이란 소설의 한 문장에서 영감을 받아 쓴 것이다.

새는 알을 깨고 나온다. 알은 곧 세계다. 태어나려고 하는 자는 하나의 세계를 파괴하지 않으면 안 된다. 새는 신을 향해 날아간다. 신의 이름은 아프락사스다.

이 책은 새가 알을 깨고 나오듯, 주인공 독고준이 정신적 탄생을 겪게 되는 모험 이야기다. 독고준은 신과 인간 사이에서 갈등을 느끼며 자신에게 던져진 문제를 하나씩 풀어 간다. 그런 독고준의 모습은 곧 여러분이 지금 또는 앞으로 겪어야 할 두 번째 탄생의 과정이다. 알을 깨고 나오는 게 고통스럽더라도 흔들리거나 주저하면 안 된다. 그래야 여러분에게 꿈을 펼칠 수 있는 날개가 돋기 때문이다.

수학을 공부하는 과정도 마찬가지다. 나는 수학을 왜 배워야 하는지 이유와 목적도 모른 채 좋은 성적만을 얻기 위해 앞만 보고 달리는 여러분에게 새로운 세상을 보여 주고 싶었다.

부끄럽게도, 우리나라 학생들은 전 세계에서 수학을 가장 싫어하고 있으며 자신감도 가장 낮다고 한다. 수학을 배우는 진정한 의미를 모른다면, 여러분은 앞으로 수학이 괴롭고 지겹고 고통스러울 수밖에 없다. 수학을 공부하기 전에 수학이 왜 필요하며 어떻게 세상에 쓰이고 있는지, 수학을 잘하면 나는 어떻게 변할 수 있는지를 먼저 알아야 한다. 그래야 진정한 어른이 되는 제2의 탄생을 할 수 있다.

수학을 꼭 배워야 하는 이유는 백만 가지도 넘지만, 그 모든 이유를 한마디로 정리하면 이것이다.

수학은 세상을 현명하게 살아갈 수 있는 방법을 가르쳐 준다.

수학에서 정답을 찾는 법보다 새로운 생각을 해낼 수 있는 능력을 키워야 한다. 정답을 맞히는 데에만 매달리지 말고, 문제 푸는 과정을 중요하게 여겨야 한다. 그래야 세상을 논리적으로 파악하는 능력이 키워진다.

머리로만 배우는 것은 진정한 공부가 아니다. 머리로 배우고 몸으로 익혀야만 진정한 공부가 된다. 여러분도 독고준과 함께 온몸으로 모험을 즐기면서 참다운 지식을 익히길 바란다. 아무리 머리가 뛰어나도 공부를 즐기는 학생은 이길 수가 없기 때문이다.

여러분의 친구 서지원

| 등장인물 |

독고준(호루스)
얼마 전까지 나는 평범한 초등학생이었어. 그런 내가 사실은 인류에게 수학의 비밀을 알려 준 이집트의 신 호루스였다니! 난 이제 세트에게 붙잡혀 간 엄마, 아빠 그리고 친구들을 구해야만 해!

세트
나는 형 오시리스를 죽이고 왕이 되려다가 호루스에게 내쫓기게 되었지. 하지만 호루스가 나를 공격하려 한다는 걸 알고 부하를 시켜 호루스를 인간의 몸속에 가두어 버렸어. 그런데 이 아이가 깨어나려 한다지 뭐가!

미노타우로스
나, 미노타우로스는 인간의 몸을 하고 얼굴과 꼬리는 황소의 모습이야. 얼굴에 수염을 붙여 남자 행세를 하며 왕위를 지킨 하트셉수트 여왕과 손잡고 이집트의 막강한 신이 되려고 해. 호루스가 우리 편이 된다면 이 세상은 우리 손아귀에 들어올 거야.

카르다노
저는 페니키아의 용맹한 장군입니다. 디도 공주님을 지키는 임무를 수행하는 과정에서 미노타우로스와 싸우다가 장렬히 전사했지요. 하지만 영혼이 되어 3,200년 동안 절규하며 복수할 날만을 기다려 왔습니다.

아케르
저는 태양과 사후 세계를 지키는 신입니다. 태양이 떠오르는 동쪽과 저무는 서쪽의 지평선을 지키고 있는 이집트의 수호신이죠. 태양신 라의 명령으로, 호루스가 된 독고준의 옆을 지키게 되었습니다.

디도
나는 페니키아의 공주이니라. 페니키아의 최고 부자인 시카이오스와 결혼해 행복하게 살고 있었지. 그러다 남편을 잃고 페니키아를 탈출하는데, 미노타우로스를 만나 그자의 수수께끼를 풀지 못해 얼음 덩어리로 변하고 말았지.

| 지난 줄거리 |

밤마다 악몽에 시달리던 독고준은 자신이 오시리스와 이시스의 아들, 호루스라는 사실을 알게 된다. 이제 준은 더 이상 초등학교 5학년 어린이가 아니다. 독고준은 사람의 몸, 독수리의 머리를 한 이집트 태양의 신 호루스가 되었다. 엄청난 에너지와 주체할 수 없는 초능력을 갖게 된 준은 오벨리스크에 새겨진 수학 문제를 풀고 꿈에 그리던 집으로 돌아간다.
그러나 악의 신 세트는 준의 현실 세계까지 쫓아와 부모님과 친구들을

납치해 간다. 준은 사랑하는 엄마, 아빠, 친구들을 구하기 위해 기꺼이 무한한 암흑 속으로 뛰어든다.
준의 용감한 여정에 검은 무늬 사자 아케르가 함께한다. 아케르는 반지 속에 있다가 위험한 순간 뛰쳐나와 텔레파시로 길을 안내하고 준을 도와준다.
과연 준과 아케르는 크노소스의 미로 어딘가에 갇혀 있을 부모님과 친구들을 구해 낼 수 있을까?

Mission 1

디도 공주를 구출하라

· 원둘레와 원의 넓이 ·

미션 목표
- 원의 넓이는 왜 (반지름) × (반지름) × 3.14일까?
- 원둘레는 왜 (지름) × 3.14일까?

준은 반딧불이들을 넋 놓고 바라보았다. 그런데 순간 반딧불이들이 벌통에 꼬인 벌떼처럼 준의 주변을 휘감기 시작했다. 준은 손을 휘휘 저으며 반딧불이들을 내쫓으려 했다.

준이 한 발 내디딜 때마다 흩어졌던 반딧불이들이 다시 모여들었다. 급기야 반딧불이는 준의 주변을 새카맣게 친친 둘러 감기 시작했다. 준은 한 손으로 반딧불이들을 내쫓고, 다른 한 손으로는 균형을 잡으며 걸었다.

"저리 가, 저리 가래도!"

그때였다.

놀랍게도 반딧불이들이 흩어지다가 서서히 한곳으로 모여들면서 사람의 형체를 띠기 시작했다. 그리고 허공에 덥수룩한 수염에 날카로운 눈동자와 두터운 입술을 가진 누군가의 얼굴을 만들기 시작했다. 준은 얼어붙은 듯 가만히 선 채로 그 얼굴을 물끄러미 바라보았다. 그러자 몸통은 없이 허공에 그려진 얼굴이 입술을 옴짝달싹하더니 우렁찬 소리를 내는 것이었다.

"호루스여, 하늘의 신이시여!"

"너, 넌 누구냐!"

"저는 괴물 미노타우로스와 싸우다가 패배하여 영혼이 되고 만 카르다노라 합니다. 이런 날이 올 줄이야…… 저는 당신을 무려 3,200년 동안 절규하며 기다려 왔습니다."

"나를 기다렸다고?"

"네, 저는 얼음 골짜기에서 디도 공주님과 병사들을 모두 잃고 혼자 이곳까지 도망쳤습니다. 다시 돌아가려 했지만 부상을 입었기 때문에 그럴 수가 없었습니다. 결국 저는 깊은 한을 가슴에 품은 채 죽어 가야 했지요."

"저런."

"하지만 언젠가 당신이 이곳을 찾아와 얼음 골짜기에 갇힌 디도 공주와 병사들을 구해 주리라는 예언을 들었습니다."

"예언……?"

도대체 누가 예언을 했다는 것일까. 준이 잠깐 이런 생각을 하다가 그만 다리 손잡이를 놓치고 말았다. 준의 몸이 휘청하자, 놀란 반딧불이 떼가 황급히 허공으로 날아올랐다. 그 바람에 카르다노 장군의 모습도 허공으로 흩어지고 말았다.

"호루스 님!"

놀란 아케르가 몸을 날려 준의 몸을 붙잡아 주었다.

"괜찮아, 잠깐 발을 헛디뎠을 뿐이야."

준이 진정하자, 반딧불이는 또다시 떼를 지어 카르다노의 얼굴을 만들어 냈다. 카르다노가 다시 말을 시작했다.

"호루스 님, 얼음 골짜기로 가서 저의 부하들과 디도 공주님을 구해 주십시오."

"내가 무슨 수로 그들을 구한단 말이냐. 그리고 난……."

준은 서둘러 이곳을 빠져나가 부모님과 혜리, 영재를 구하러 가야 한다고 말했다. 그러자 카르다노가 그들에 대해 들은 적이 있다고 말했다.

"우리 부모님에 대한 얘기를 들었다고?"

"미노타우로스의 성으로 가시면 더 자세한 소식을 들으실 수 있을 겁니다."

"그래?"

"하지만 먼저 디도 공주님을 구해야만 그곳으로 가실 수 있습니다. 호루스 님의 힘만으로는 미노타우로스의 성을 찾아갈 수 없을 겁니다."

카르다노가 말했다.

"뭐?"

"성으로 가는 길은 오로지 디도 공주님만 아시니까요."

준은 난처한 표정으로 카르다노를 바라보았다. 카르다노는 애원하듯 간절한 눈빛으로 준을 보고 있었다.

"내가 뭘 어찌해야 하느냐?"

준이 어쩔 수 없다는 듯 힘없이 묻자, 카르다노가 재빨리 고개를 돌려 한 방향을 가리켰다.

"저쪽으로 가시면 디도 공주님과 호위 병사들이 갇혀 있는 얼음 골짜기가 나올 겁니다."

"할 수 없군. 그럼 가 보도록 하지."

준과 아케르는 카르다노가 알려 준 곳을 향해 움직이기 시작했다. 얼마나 갔을까. 준은 차가운 기운에 자기도 모르게 몸을 웅크리고 말았다. 어디선가 차가운 바람이 쌩하니 불어오는 것 같았다. 바로 그때였다. 갑자기 미노타우로스가 나타나 준의 몸을 쾅 들이받았다.

"으악!"

준은 미노타우로스의 공격에 밀려서 까마득한 낭떠러지로 떨어지고 말았다. 카르디노는 이러지도 저러지도 못하고 다급히 아케르를 찾았다. 아케르가 그 광경을 보자마자 급히 낭떠러지로 몸을 던져 준의 뒤를 따랐다. 준과 아케르는 끝이 어딘지 모를 정도로 깊은 바닥을 향해 곤두박질치고 말았다. 이윽고 털썩 하는 소리가 쩌렁쩌렁 울려 퍼졌다. 준과 아케르의 몸이 바닥에 부딪히며 난 소리였다.

"크크, 저 깊은 낭떠러지 아래로 떨어졌으니 뼈가 산산조각 났겠군. 감히 내게 맞서려 하다니, 어리석은 놈."

미노타우로스가 눈을 번뜩이며 잔인하게 웃었다.

한편, 낭떠러지 아래로 떨어진 준은 한동안 의식을 잃은 채 쓰러져 있었다. 먼저 몸을 일으킨 아케르가 준의 뺨에 자신의 얼굴을 부벼 댔다.

"으…… 온몸이 쑤셔."

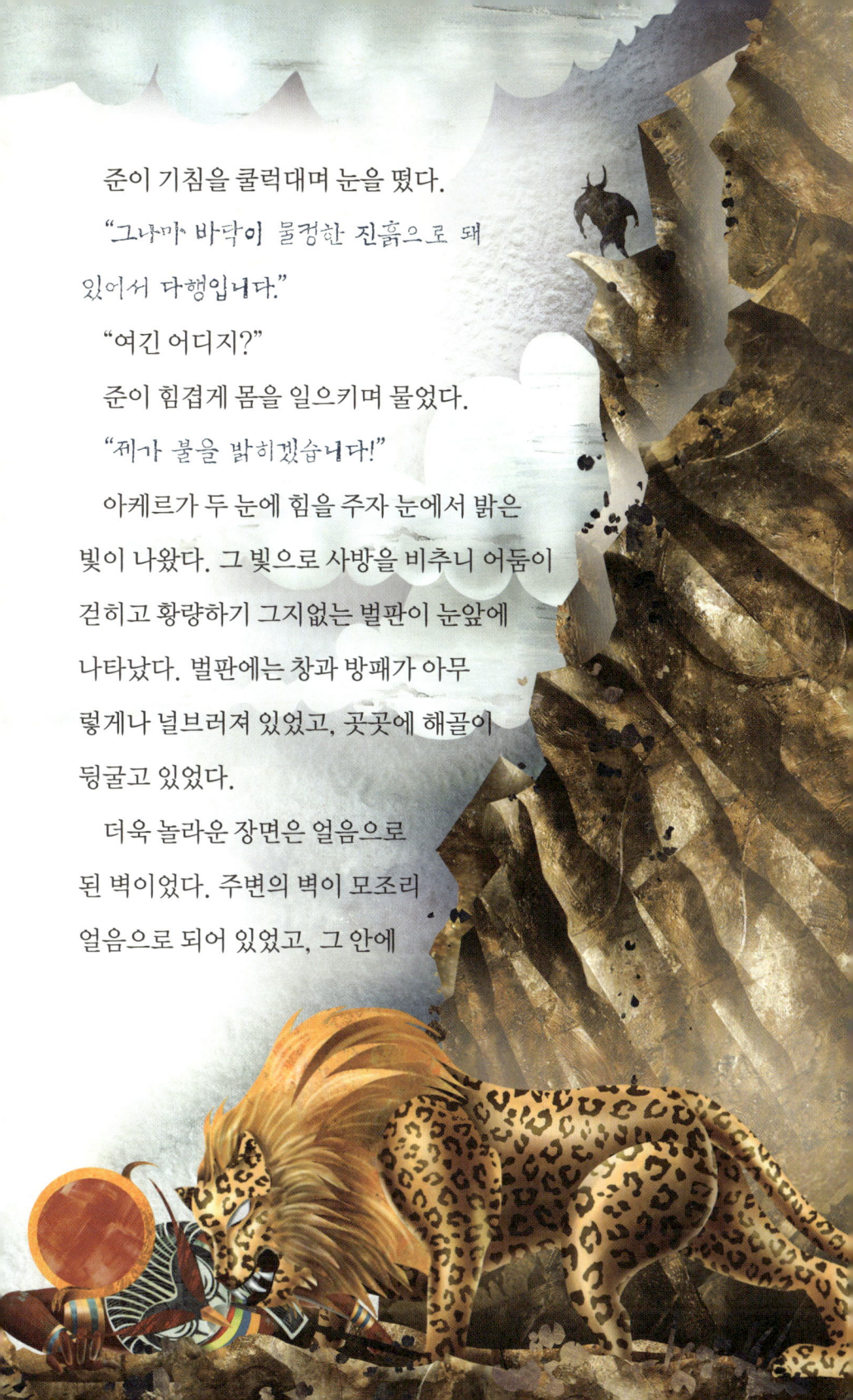

준이 기침을 쿨럭대며 눈을 떴다.
"그나마 바닥이 물컹한 진흙으로 돼 있어서 다행입니다."
"여긴 어디지?"
준이 힘겹게 몸을 일으키며 물었다.
"제가 불을 밝히겠습니다!"
아케르가 두 눈에 힘을 주자 눈에서 밝은 빛이 나왔다. 그 빛으로 사방을 비추니 어둠이 걷히고 황량하기 그지없는 벌판이 눈앞에 나타났다. 벌판에는 창과 방패가 아무렇게나 널브러져 있었고, 곳곳에 해골이 뒹굴고 있었다.
더욱 놀라운 장면은 얼음으로 된 벽이었다. 주변의 벽이 모조리 얼음으로 되어 있었고, 그 안에

만 명의 호위 병사와 디도 공주가 얼어붙은 채 갇혀 있었던 것이다. 눈을 감고 있는 디도 공주의 모습은 눈이 부실 정도로 아름다웠다. 얼음을 깨기만 하면 금방이라도 공주가 살아 나올 것만 같았다.

그때 허공에서 반딧불이가 모여들더니 다시 카르다노의 형상을 만들었다. 그러고 보니 얼음 벽 안에도 똑같은 얼굴의 장군이 디도 공주 옆에 서 있었다.

카르다노의 형상이 말했다.

"저희는 페니키아에서 왔습니다. 저는 디도 공주님을 지키는 장군이었고, 공주님은 페니키아의 최고 부자인 시카이오스와 결혼해 행복하게 살고 계셨지요. 그런데 그자가 나타났습니다."

"그자라고?"

"디도 공주님의 오빠이자 페니키아의 왕인 피그말리온! 그놈은 잔인하고 탐욕스럽기 그지없었습니다. 여동생의 재산이 탐났던 그자는 호시탐탐 기회를 노리다가 시카이오스를 살해했습니다."

"여동생의 남편을 죽이다니!"

카르다노의 이야기를 들은 준은 자신도 모르게 손을 부르르

떨고 있었다.

"디도 공주님은 너무 무서워서 매일 편히 잠들지도 못하셨습니다. 오빠가 자기를 죽일지도 몰랐으니까요. 결국 디도 공주님은 자신을 따르는 사람들과 함께 도망치기로 결심하셨습니다. 저는 그 뜻을 받들어 공주님을 모시고 만 명의 호위 병사와 함께 페니키아를 탈출했습니다. 저희는 배를 타고 바다를 한참 떠돌다가 육지를 발견했습니다. 그렇게 도착한 곳이 바로 이곳입니다. 그런데 그때 저희 앞에 괴물 미노타우로스가 나타났던 겁니다."

"저런!"

"미노타우로스는 저희의 길을 막더니 수수께끼를 풀면 살려 주겠다고 했습니다."

"어떤 수수께끼?"

카르다노는 허공에 어떤 형상을 만들며 말을 이어 갔다.

"소가죽 한 장을 내밀면서, 이 소가죽만큼만 한 땅을 줄 테니 그 안에서 만 명이 살 수 있는 방법을 찾으라고 했습니다. 만약 하룻밤 안에 방법을 찾지 못하면 모조리 얼음 덩어리로 만들어 버리겠다고 협박했습니다."

"달랑 소가죽 한 장이라고?"

아무리 큰 가죽이라 하더라도 그 넓이의 땅에 사람이 산다는 건 있을 수 없는 일이었다. 그런데 그 작은 소가죽만 한 땅에서 무려 만 명이 함께 살라니!

"저희는 밤새 고민했지만, 수수께끼를 풀지 못했습니다. 그 다음 날, 얼음물이 계곡으로 밀려들어 오더니 사람들이 순식간에 얼음 덩어리로 변하고 말았습니다. 저는 죽을힘을 다해 미노타우로스와 싸우다가 결국 죽임을 당하고 말았지요. 하지만 제 원한이 깊은 탓에, 비석에 갇혀 이승을 떠도는 영혼이 되고 말았습니다. 지금이라도 수수께끼를 풀면 얼어 있는 사람들을 원래 모습으로 되돌려 놓을 수 있는데도 손을 못 쓰고 있는 상황입니다."

"그렇다면 내가 그 수수께끼를 풀어 보마."

준은 자신 있게 대답해 놓고도 자기 말에 놀라 눈을 부릅떴다.

'내가 무슨 배짱으로 문제를 풀겠다고 한 거지? 왜 생각과 다르게 말이 나오는 거야!'

준은 얼굴을 찌푸렸다.

하지만 카르다노는 준을 믿음직스러운 눈길로 바라보았다. 준은 속으로 애가 탔다.

'에라, 모르겠다. 우선 생각을 해 보자. 그러면 방법이 떠오를 거야.'

준은 얼음 위에 가부좌를 틀고 앉아 지그시 눈을 감았다.

'생각, 생각을 해야 해. 무슨 수를 써서라도 이 문제를 풀어야 한다고.'

그때였다. 언젠가 아빠가 해 주었던 이야기가 떠올랐다.

"준아, 규칙 찾기와 그림 그리기는 가장 기본적인 문제 해결 능력이야. 머릿속으로 가만히 그림을 그려 보렴. 그러면 답이 떠오를 수 있단다."

준은 눈을 감은 채 머릿속으로 그림을 그려 보았다. 수많은 도형들을 그렸다가 지우고 다시 그렸다. 그래도 생각이 떠오르지 않자 준은 소가죽을 이리저리 살펴보았다. 그런데 소가죽 뒷면에 길이가 정해진 정사각형과 정삼각형, 그리고 원이 그려져 있는 게 아닌가!

'엇! 이게 뭐지? 이건…… 그래, 소가죽으로 만들 수 있는 가장 넓은 도형을 생각하면 되겠군.'

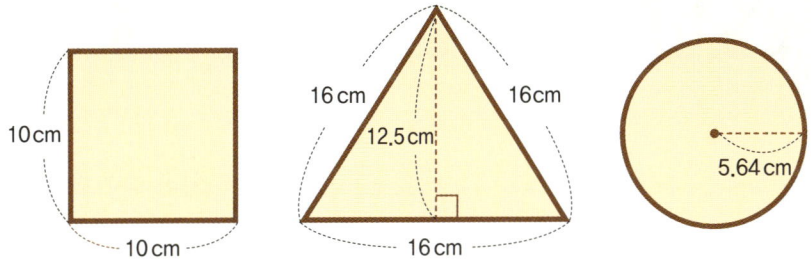

준은 여러 가지 도형들을 하나씩 떠올려 보았다.

'넓이가 가장 큰 도형이 뭐지? 도형의 둘레가 크면 넓이도 클까? 아니면 둘레와 넓이는 항상 같을까?'

눈을 번쩍 뜬 준은 소가죽 뒷면에 그려진 도형의 넓이와 둘레의 길이를 구해 보기로 했다. 정사각형과 정삼각형의 넓이는 $100\,cm^2$로 같았다.

하지만 정사각형의 둘레의 길이는 $10 \times 4 = 40(cm)$이고, 정삼각형의 둘레의 길이는 $16 \times 3 = 48(cm)$로 서로 달랐다.

이번에는 원의 넓이를 구해 보기로 했다. 하지만 원의 넓이를 구하는 공식이 얼른 생각나지 않았다.

"저기……."

준이 똥 마려운 듯한 표정으로 카르다노를 보았다.

"왜 그러십니까?"

"내가 몰라서가 아니다. 다만, 얼른 생각이 안 나서 묻는 것이니 오해하지 마라. 혹시 원의 넓이를 구하는 공식을 아느냐?"

"그럼요. 원의 넓이는 (반지름)×(반지름)×3.14가 아닙니까?"

카르다노가 대답했다.

"그, 그렇지."

준은 애써 태연한 표정을 지으며 고개를 끄덕였다. 하지만 머릿속이 복잡해 견딜 수가 없었다.

'반지름을 두 번 곱하는 이유는 뭘까? 또, 3.14를 곱하는 이유가 뭐지?'

준이 눈동자를 굴리며 고민하고 있을 때였다.

"호루스 님, 혹시 원의 넓이로 수수께끼를 풀 수 있다고 생각하시는 겁니까?"

카르다노가 진지하게 물었다.

"글쎄."

"저도 혹시나 해서 원의 넓이를 구하기 위해 원주를 계산해 본 적이 있습니다."

"뭐, 원주?"

"원의 둘레 말입니다."

"그래, 원의 둘레. 그 정도는 나도 알지!"

준이 식은땀을 훔치며 헛웃음을 지었다.

"솔직히 원주는 둥글어서 자로 재기가 어렵지 않습니까? 하지만 끈을 이용하면 쉽게 잴 수 있겠더군요. 그래서 끈을 이용해 원주를 구하려고 시도해 봤는데, 잘 안되더군요. 틀린 원주값이 나올 때가 많았습니다."

"아무래도 그렇겠지."

"그래서 생각해 낸 게 원주율이었습니다."

"원주율?"

"네, 물론 저만 원주율을 계산하려 했던 건 아니었겠지요.

바빌로니아 사람들도 원주율을 계산했다는 얘기를 어디선가 들은 적이 있습니다."

'바빌로니아라면 까마득하게 먼 옛날 시대잖아? 그 당시의 사람들이 계산한 것도 이해하지 못하다니. 내가 진짜 신이기는 한 거야?'

준은 자신이 한심한 것 같아 깊은 한숨을 내쉬었다.

"왜 그러십니까, 호루스 님?"

카르다노가 무슨 걱정이라도 있느냐는 듯 쳐다보았다. 준은 원의 넓이를 구할 줄 모른다는 걸 들키지 않으려고 애써 먼 산을 바라보았다.

"원의 넓이나 원주, 지름을 쉽게 구하려면 원주율이 꼭 필요하더군요."

"그렇지. 그 공식을 말해 보거라."

"네?"

"혹시 내가 틀렸나 해서…… 그러는 것이다."

"아, 원주율은 (원주)÷(지름)으로 구하는 것이잖습니까? 원의 크기는 달라도 원주율은 항상 일정하지요. 모든 원은 닮은꼴 도형이니까요."

"그렇지. 그건 그렇고, 네가 구한 값은 무엇이냐?"

"3.14였습니다. 물론 정확한 값은 아닙니다. 원주율을 수학적으로 계산하면 3.14159……로 끝없이 계속되는 값일 테니까요."

"그, 그렇군."

준은 침을 꿀꺽 삼켰다. 카르다노가 한 말이 잘 이해되지 않았던 것이다.

"그 원주율로 무얼 어떻게 한다고?"

"원주가 지름의 약 3.14배이니까 지름만 알면 원주를 구할 수 있는 것 아니겠습니까. 지름은 반지름의 2배이니 반지름만 알아도 원주를 구할 수 있고요."

$$(원주) = (지름) \times (원주율)$$
$$= (지름) \times 3.14$$
$$= (반지름) \times 2 \times 3.14$$

"그, 그렇지."

준은 또 말을 얼버무렸다.

"하하, 사실 원의 넓이를 구하는 건 쉽지 않았습니다. 그래서 처음에는 원의 넓이를 구하기 위해 원을 여러 조각으로 나눠서 직사각형에 가까운 도형을 만들어 계산하려고까지 했습니다."

카르다노는 처음에 소가죽을 8등분을 해서 등분한 선을 잘라 이어 붙여 보았다고 말했다. 하지만 소가죽이 정확한 모양의 도형이 아니어서 넓이를 정확하게 계산하기가 어려웠다고 했다.

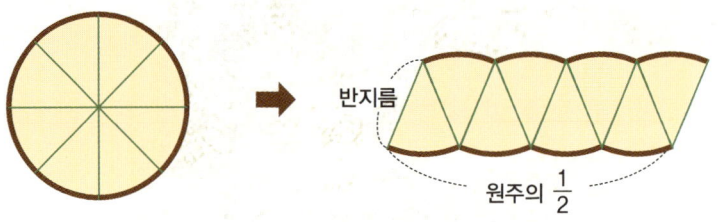

"원의 넓이를 정확하게 계산하려면 원을 더 잘게 잘라 이어 붙여야 했어요. 바로 이렇게요."

카르다노가 허공에다 원을 그리더니 입김을 후 불자, 원 조각이 잘게 쪼개졌다.

"직사각형과 모양이 비슷해졌는걸?"

준은 자기도 모르게 고개를 끄덕였다.

"네, 저는 원을 더 이상 나눌 수 없을 만큼 잘게 잘라서 이어 붙이면 더욱더 직사각형에 가까운 모양이 된다는 걸 겨우 깨달았습니다. 이때 직사각형의 가로의 길이는 원주의 반이 되고, 세로는 원의 반지름이 된다는 것을 알 수 있었지요."

"아, 그래서 원의 넓이가 (원주의 $\frac{1}{2}$)×(반지름)이 된다는 거로구나."

준은 고개를 끄덕이며 말했다.

"네?"

카르다노의 표정이 다 알면서 새삼스럽게 왜 그러냐는 것 같았다. 준은 고개를 얼른 돌려 카르다노의 눈길을 피했다.

$$(원의\ 넓이) = (원주의\ \tfrac{1}{2}) \times (반지름)$$
$$= (지름) \times (원주율) \times \tfrac{1}{2} \times (반지름)$$
$$= (반지름) \times (반지름) \times 3.14$$

'그래! 원의 넓이를 구하는 공식은 (반지름)×(반지름)×3.14 였어.'

준은 공식을 이용해 원주와 원의 넓이를 구하기 시작했다.

"반지름이 5.64 cm인 원의 원주는 5.64×2×3.14 = 약 35 (cm)이고, 원의 넓이는 5.64×5.64×3.14 = 약 100(cm^2)!"

준은 그러면서 한 가지 사실을 깨달았다.

'넓이가 같은 사각형, 삼각형과 다른 다각형을 여러 개 만들어 둘레의 길이와 넓이를 비교해 본 결과, 넓이가 같을 때 둘레의 길이가 가장 큰 도형은 원이야! 둘레의 길이가 크다고 해서 넓이가 큰 것도 아니고, 또 둘레가 같다고 넓이가 같은 것도 아니었어!'

그런데 준에게 갑자기 궁금증이 생겼다.

'그렇다면 둘레의 길이가 같을 때 삼각형보다는 사각형이, 사각형보다는 오각형이, 그리고 오각형보다는 육각형이 넓이가 더 크다는 건데, 그 이유는 뭘까?'

준은 다시 깊은 생각에 잠겼다.

'궁금증을 해결하려면 침착하게 생각해야 해.'
그러자 안개가 걷히듯 숨겨진 원리가 모습을 드러냈다.

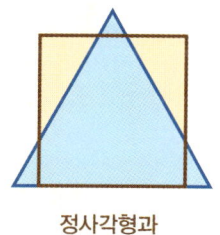
정사각형과
정삼각형의
넓이 비교

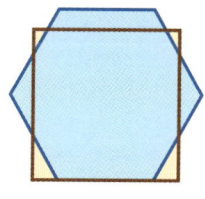
정사각형과
정육각형의
넓이 비교

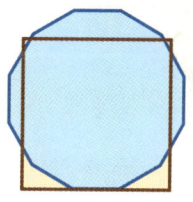
정사각형과
정십이각형의
넓이 비교

둘레의 길이가 같은 도형들을 서로 겹쳐서
넓이를 비교해 보면
정삼각형 < 정사각형 < 정육각형 < 정십이각형

'아하, 변의 개수가 늘어날수록 도형의 넓이가 커지는 것이구나. 그래서 둘레의 길이가 같은 도형 중에서 가장 넓은 도형은 원이 되는군.'

준은 디도 공주와 만 명의 병사들이 살아갈 땅을 정하려면 원 모양의 도형을 그려야 한다고 결론을 내렸다. 하지만 문제는 여전히 남아 있었다. 소가죽을 어떻게 잘라야 만 명이 들어갈 넓은 원으로 만들 수 있을까 하는 것이었다.

준은 소가죽을 움켜쥐고서 다리 위를 초조하게 오가며 생각을 짜내려 애썼다. 하지만 나오는 것은 한숨밖에 없었다. 그 모습을 본 카르다노도 애가 타는 듯 한숨을 푹 내쉬었다.

'얼음이 되어 버린 디도 공주를 걱정하는 카르다노는 얼마나 속이 탈까?'

준은 자기도 모르게 주먹을 꽉 움켜쥐었다.

'카르다노의 마음도 내 마음 같을 거야. 엄마, 아빠, 친구들아……. 기다려, 반드시 구하러 갈게.'

준은 카르다노에게 다가가 기운을 내라고 말했다.

"수수께끼를 풀 수 있으시겠습니까?"

"노력하고 있다."

준이 시치미를 뚝 떼고 말했다.

"호루스여, 저는 반드시 공주님을 구해야 합니다. 곧 공주님의 생일이 다가옵니다. 이번 생일만큼은 직접 꽃다발을 안겨 드릴 수 있게 해 주십시오."

"생일?"

준은 학교에서 반 아이들과 파티를 준비하려고 색종이 장식을 만들던 일이 떠올랐다. 준과 혜리, 영재와 다른 친구들은 풍선을 불어서 달고, 색종이를 오려서 고리를 만들고, 금박지 은박지로 별을 만들어 창문에 붙였다.

그때 혜리가 영재에게 신기한 걸 보여 주겠다며 색종이 한 장을 잘라서 아주 긴 끈을 만들어 보였다.

"어때? 신기하지?"

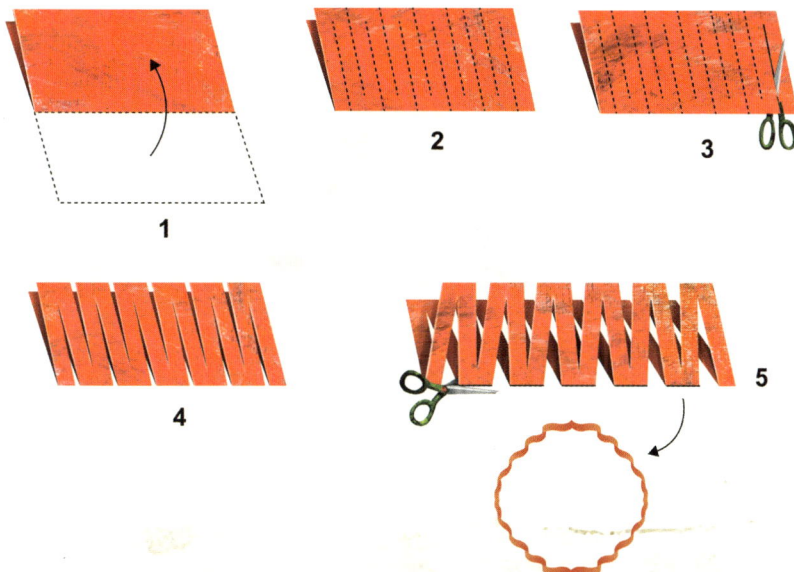

혜리는 자신이 발견해 낸 방법이라며 어깨를 으쓱거렸다.

'그렇지! 그때처럼 자르는 거야!'

준은 눈을 감고 손가락 끝에 에너지를 끌어모았다. 그러자 레이저 광선 같은 강렬한 광선이 뿜어져 나오기 시작했다. 준은 그 광선을 이용해 소가죽을 잘랐다.

"호루스여, 무얼 하시는 겁니까!"

놀란 카르다노가 두 눈을 휘둥그레 뜬 채 소리쳤다.

"기다려 보아라. 내가 아주 신기한 걸 보여 줄 테니까."

준은 먼저 소가죽을 반으로 접은 후 가늘게 자르기 시작했다. 신의 능력을 이용한 덕분인지, 소가죽은 머리카락보다 더 가늘게 잘렸다.

"소가죽을 찢을 작정이십니까!"

"끝부분만 자르지 않으면 찢어지지 않아. 이걸 조심조심 잘라서 하나의 원으로 만들 거야."

"원이라고요?"

"집중하는 데 방해되니까 일단 조용히 기다려."

준이 핀잔을 주자, 카르다노가 잠자코 입을 다물었다. 준은 집중해서 소가죽을 자른 다음 그것을 쭉 펼쳤다. 그러자 놀랍게도 어마어마하게 넓은 원이 만들어졌다. 그 원은 넓고도 넓어서 만 명이 들어가도 남을 것 같았다.

"놀랍군요! 이것이 바로 미노타우로스가 냈던 수수께끼의 해답이었군요!"

"소가죽 한 장으로 만 명이 살 수 있는 방법이지!"

"오, 호루스여! 하늘의 신이여! 드디어 미노타우로스의 저주가 풀리는 순간입니다!"

순간 콰르릉 울리는 천둥소리가 들리더니, 얼음 벽에 금이 가기 시작했다.

쩌억- 쩍!

곧이어 엄청난 수의 사람들이 모습을 드러냈다. 더욱 신기한 일은 그 다음에 일어났다. 얼음 벽에서 나온 사람들이 몸을 꿈틀거리며 움직이기 시작하는 것이었다. 말도 고개를 흔들며 푸득거렸다.

"모두 살아났구나! 나의 부하들아, 나의 병사들아!"

카르다노 장군도 깨어나 기쁨의 소리를 내질렀다.

뒤를 이어 디도 공주의 모습도 드러났다. 공주는 검은 눈동자를 반짝이며 주위를 둘러보았다.

"카르다노 님?"

디도 공주가 은쟁반에 옥구슬이 또르르 굴러가는 목소리로 카르다노를 불렀다. 그러자 카르다노를 이루고 있던 수많은 반딧불이들이 허공으로 우수수 흩어졌다가 모여들었다.

"공주님! 저는 여기 있습니다!"

"카르다노!"

디도 공주와 카르다노가 서로를 마주보았다.

순간 준은 말로는 표현할 수 없는 뜨거운 감정을 느꼈다. 준은 오랫동안 그리워하던 사람을 만나면 이런 느낌이겠구나 싶었다. 하염없이 눈물을 흘리는 디도 공주와 카르다노를 바라보면서 준은 아랫입술을 살짝 깨물었다. 카르다노와 디도 공주가 다시 만난 것처럼 엄마

와 아빠, 그리고 그리운 친구들을 꼭 만나야겠다는 생각이 간절해졌기 때문이다.

그때였다. 땅이 우르르 흔들리기 시작했다. 땅에서 진흙 덩어리들이 일어나기 시작하더니 점점 사람의 형체로 변해 가는 것이었다.

"저게 무엇이냐?"

놀란 준이 소리치자, 아케르가 말했다.

"저놈들은 골렘입니다. 미노타우로스가 진흙 덩어리에 검은 마법을 걸어 만들어 번 부하들이지요."

"저놈들을 없애려면 어떻게 해야 하는 거지?"

준이 다급하게 묻자 카르다노가 비장한 얼굴로 소리쳤다.

"호루스여, 저놈들은 제가 맡겠습니다. 나의 병사들이여, 공격하라!"

카르다노 장군의 외침에 만 명의 병사가 골렘들을 향해 내달리기 시작했다. 병사들이 골렘들 앞에 다다르자 화살을 쏘기 시작했다. 수백, 수천 개의 화살이 공기를 가르며 동시에 골렘들을 향해 날아갔다. 하지만 골렘들은 화살에 맞고도 끄떡하지 않았다. 진흙으로 만들어진 몸뚱이가 화살 따위에 끄떡하지 않았던 것이다.

포대기에 싸인 아기는 반은 사람, 반은 황소 모습의 괴물이었다.

미노스는 아기를 성 깊은 곳 지하 감옥에 감추었다.
이렇게 지하 감옥에 갇혀 살게 된 괴물이 바로 미노타우로스이다.

Mission 2

얼음 성벽을 깨뜨려라

· 원뿔과 원기둥 ·

미션 목표
원뿔과 원기둥의 다른 점은 무엇일까?

크아아악!

골렘들이 찢어지는 듯한 소리를 지르며 병사들을 향해 달려들었다. 그러자 겁에 질린 병사들이 슬금슬금 뒷걸음질을 치기 시작했다. 골렘들은 카르다노의 병사들을 한 손으로 확 움켜쥐고 허공으로 휙 내던져 버렸다.

"으악!"

"살려 줘!"

병사들은 휙휙 던져져 마치 지푸라기 인형처럼 맥없이 바닥에 나뒹굴었다.

"장군, 저들의 엄청난 힘을 당할 수가 없습니다!"

골렘들의 힘은 실로 대단했다. 커다한 바위도 으스러뜨려 한 줌의 모래로 만들 수 있고, 거대한 산도 한 번에 없앨 수 있을

정도였다. 신의 힘과 비교해도 뒤쳐지지 않을 법했다. 그런 골렘의 수가 하나도 아니고 수천 명이라니. 제아무리 강력한 힘을 가진 준이라 할지라도 골렘을 물리치는 데는 한계가 있었다.

"이대로 가다간 우리가 밀릴 겁니다!"

"어떻게 할까요, 장군!"

카르다노가 인상을 찌푸렸다. 디도 공주의 얼굴도 먹구름 낀 하늘처럼 어두워졌다. 이대로라면 카르다노의 병사는 모래알처럼 흩어질 위기였다.

"아케르, 저 녀석들을 물리치려면 어떻게 해야 하는 거냐?"

준이 골렘들을 피하며 소리쳤다.

"골렘은 그 어떤 마법도 흡수하는 힘을 가졌습니다. 호루스 님의 힘도 흡수해 버릴 것입니다."

"흡수한다고?"

"그렇습니다. 마법을 흡수한 골렘은 더 강해지게 될 겁니다. 그러니 마법의 힘 말고 다른 방법을 찾으셔야 합니다."

"대체 어떻게……."

준은 딱히 좋은 방법이 떠오르지 않았다.

그때였다. 디도 공주가 한 손으로 투명한 뭔가를 가리켰다.

"호루스 님, 저기 어른거리는 게 보이시나요?"

형광 빛으로 반짝이는 그곳에 이상한 그림이 그려져 있었다.

"저것이 골렘의 약점이라는데, 무슨 뜻인지 모르겠어요. 저 기호의 뜻을 알아내야 골렘들을 무찌를 수 있어요."

준은 두 눈에 힘을 주고 그림을 살폈다.

'화살표와 동그라미, 네모는 뭐지? 그래, 저 기호가 그려진 데에는 뭔가 이유가 있을 거야. 화살표대로 움직여 볼까? 아래, 동그라미, 왼쪽, 네모, 위, 동그라미…….'

확실하진 않지만, 기호가 뭔가를 설명하는 것 같았다.

여기까지 생각한 준은 문자로 만들어 보았다.

"공주님, 저건 아마 위에서 내려다보면(↓) 원(○), 옆에서 보면(←) 사각형(□), 밑에서 올려다보면(↑) 원(○)이란 뜻이 아닐까요?"

"세상에 그런 모양의 도형도 있나요? 저는 그런 도형이 있다는 소리를 들어 본 적이 없어요."

디도 공주가 고개를 저으며 절망적인 목소리로 말했다. 그 사이 카르다노의 병사들은 기진맥진해서 흩어지고 있었다. 카르다노 역시 골렘을 상대로 싸우느라 기운이 빠진 듯했다. 카르다노의 얼굴을 이루고 있는 반딧불이들이 허공으로 흩어지고 있었다.

'침착하게 생각해 보자.'

준은 위에서 보면 동그랗고, 옆에서 보면 네모, 밑에서 보면 원 모양의 도형을 머릿속으로 그려 보았다.

'세상에 그런 도형이 있을 리 없지. 원이면 원, 네모면 네모여야지……. 아니, 잠깐!'

준은 순간 예전의 일이 떠올랐다.

'아빠랑 재활용 쓰레기를 정리하면서 종이 박스를 뜯었던 적이 있었지. 위아래의 밑면이 원이고 옆면이 직사각형인 도형이었어! 위와 아래의 면이 서로 평행하고, 원 2개가 합동인 입체도형! 그건 바로…….'

준은 손뼉을 짝 쳤다.

"있어요. 원기둥! 모서리와 꼭짓점이 없는 특별한 도형! 바로 원기둥입니다!"

준은 그렇게 외치면서 두 주먹을 불끈 쥐고 머릿속으로 원기둥 모양을 그렸다. 그러자 놀랍게도 바닥에서 원기둥 모양의 불길이 일면서 뿜어져 나왔다.

"꾸아아아악!"

골렘들이 비명을 내지르며 나자빠졌다.

"지금이다, 골렘을 공격하라!"

카르다노가 병사들에게 불화살을 쏘라는 명령을 내렸다. 그러자 병사들이 약속이나 한 듯 일사불란하게 화살을 쏘았다.

"끄아악!"

"까악!"

여기저기에서 골렘들이 쓰러지기 시작했다. 병사들은 힘을 얻은 듯 함성을 내지르며 골렘을 공격했다. 그러자 수천 명의 골렘들이 먼지처럼 사라져 버렸다.

"우리가 승리했다!"

"만세!"

카르다노와 병사들은 씩씩하게 미노타우로스의 성을 향해 나아갔다. 준과 아케르도 그 뒤를 따랐다.

"이제 성을 차지할 때가 왔다! 병사들이여, 돌격하라!"

카르다노가 소리치자, 병사들이 창을 높이 치켜들고 기세등등하게 앞으로 달려 나갔다. 그런데 갑자기 날카로운 원뿔들이 바닥에서 솟구쳐 오르는 것이었다. 패기 있게 전진하던 병사들이 놀라서 우왕좌왕했다.

"이게 뭐지?"

"윽!"

그때였다.

솟구친 원뿔들이 마치 드릴처럼 빠른 속도로 회전하면서 병사들을 공격해 왔다.

"으악!"

"호루스 님, 저 원뿔들을 멈추게 하려면 어떻게 해야 합니까?"

카르다노가 뒤로 물러서며 물었다.

'내가 그걸 어떻게 알겠어? 이런 일은 처음인데…….'

당황한 준은 속으로 이렇게 생각했지만 겉으로는 침착한 척 대답했다.

"세상 모든 것에는 천적이 있는 법. 그 천적들이 돌고 돌아, 결국 가장 강한 것이 가장 약한 것에게 먹히지 않겠느냐."

"그게 무슨 뜻입니까?"

'나도 몰라. 모른다고! 자꾸 이상한 소리가 입 밖으로 튀어나오는 걸 어떡해.'

준은 울상을 지었다. 그때 디도 공주가 끼어들었다.

"호루스 님, 저 원뿔들도 원래는 살아 있던 존재들의 영혼이었으니 저들을 원뿔 감옥에서 해방시키면 된다는 말씀이시지요?"

"어?"

준은 자기가 내뱉은 말에 그런 뜻이 있을 거라고는 생각도 못 했다.

"아하, 저 원뿔 감옥에 갇힌 영혼들을 해방시키면 원뿔을 멈

출 수 있겠군요."

카르다노가 옳다구나 하고 맞장구를 쳤다.

"호루스 님, 영혼을 해방시키려면 어떻게 해야 하나요?"

"그, 그건……."

이럴 때 말이 술술 나와 주면 좋으련만, 준의 입은 꿈쩍도 하지 않았다. 준은 카르다노와 디도 공주의 눈을 피해 고개를 돌렸다.

"저 원뿔들은 다른 도형에서 변해서 된 것이잖아요. 그러니 원뿔들을 원래 도형으로 되돌려 놓으면 원뿔 속의 영혼도 자유를 얻게 되지 않을까요?"

디도 공주가 물었다.

"원뿔을 원래 모양으로 되돌린다고?"

준은 그게 가능한 일일까 하고 생각에 잠겼다.

그사이 카르다노의 병사들은 원뿔로 된 도형의 공격을 막아 내지 못하고 비명을 지르며 나자빠졌다. 준은 어떻게든 방법을 찾아보려고 머리를 쥐어짰다. 그때였다. 준의 머릿속에 고깔모자가 떠올랐다.

'그래, 생일 파티 때마다 엄마랑 아빠가 만들어 주셨던 고깔모자, 그것도 원뿔이었지. 이제 원뿔의 특징을 잘 생각해 보자.

원뿔은 밑면이 원이고, 옆면이 곡면으로 된 뿔 모양의 입체도형이야.'

여기까지 생각한 준은 직접 그림을 그려 보기로 했다.

'원기둥과 원뿔이 다른 점이 있어. 원뿔은 밑면이 1개이고, 원기둥은 밑면이 2개라는 것이지.'

준이 그림을 그리며 생각에 잠겨 있을 때였다.

"직사각형의 한 변을 회전축으로 하여 한 번 회전시키면 원기둥이 되겠군요."

디도 공주가 무릎을 탁 치며 말했다.

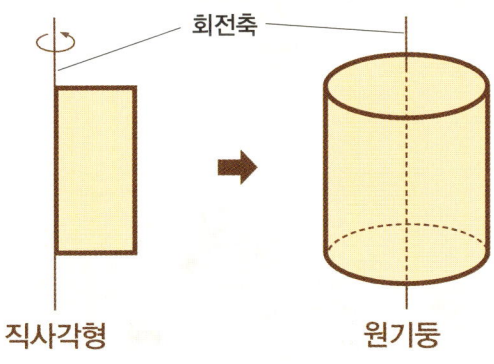

"그렇다면 원뿔은 어떤 도형을 회전시키면 되는 겁니까?"

카르다노가 갑자기 질문을 던졌다.

디도 공주와 카르다노의 눈길이 일제히 준에게 쏠렸다. 아케르도 낮게 가르릉거리며 준을 보았다.

"그, 그건 당연히……!"

준은 아직 생각이 정리되지 않았지만 모른다고 할 수가 없었다.

'빨리 생각해 내자, 빨리!'

준이 말을 더듬으며 답을 찾고 있을 때였다. 머릿속에 번뜩 삼각형이 떠올랐다.

"그래! 직각삼각형이야! 저 원뿔은 원래 직각삼각형이었어!"

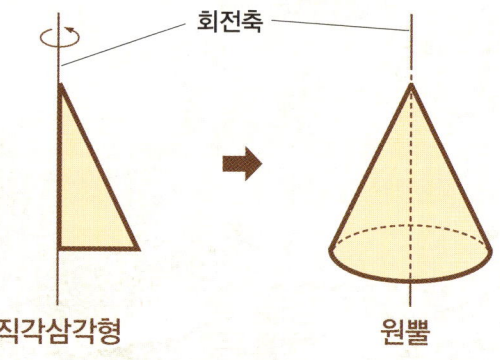

"호루스 님! 그럼 저 원뿔들을 직각삼각형으로 돌려놓으려면 어떻게 해야 하나요?"

디도 공주가 마른침을 삼키며 대답을 기다렸다.
"어?"
"그 방법을 알려 주십시오!"
카르다노가 용맹하게 소리쳤다. 하지만 준은 대답 대신 침만 꿀꺽 삼킬 수밖에 없었다.
"호루스 님!"
"그건……."
준은 제 손으로 자기 머리를 콩 쥐어박았다.
'그 다음을 생각해 내야지! 이대로 우물쭈물거리기만 하면 어쩌자는 거야, 바보!'
하지만 아무리 생각해도 뾰족한 방법이 떠오르지 않았다. 카르다노는 비명을 지르며 쓰러져 가는 병사들을 안타깝게 바라보며 발을 동동 굴렀다. 준은 어떻게든 방법을 생각해 내야 했다. 하지만 시간이 흘러도 뾰족한 방법이 떠오르지 않았다.
'내가 신이긴 한 거야? 이런 것도 생각해 내지 못하다니.'
준이 한숨을 내쉴 때였다.
갑자기 준의 목걸이에서 눈부시게 환한 빛이 쏟아져 나왔다.
'목걸이에서 뭔가 튀어나오려는 것 같아.'
준은 목걸이를 하늘 높이 치켜들었다. 그 순간 목걸이에서 새소리가 나면서 은빛의 새 한 마리가 튀어나왔다. 새는 허공으로 날아올라 거대한 날개를 펼치더니 하늘을 날기 시작했다. 멀리서 보니 직각삼각형 모양을 띠고 있었다.

"카오루가 날아올랐군!"

아케르가 소리쳤다.

"카오루?"

"태양신 라 님이 호루스 님께 준 선물이지요! 저것은 하룻밤에 지구 한 바퀴를 날 수 있는 어마어마한 새랍니다."

카오루는 무서운 속도로 회전하고 있는 원뿔 위를 날았다. 그러자 원뿔들이 방향을 바꿔 하늘 높이 솟구쳐 오르며 카오루를 공격하려 했다. 카오루는 그런 원뿔들을 꾀어내기라도 하듯 이리저리 날아다니며 깃털을 떨어뜨렸다. 카오루의 깃털도 직각삼각형 모양이었는데, 회전하는 원뿔 위에 떨어지자 놀라운 일이 벌어졌다. 원뿔이 회전을 멈추고 직각삼각형으로 변하는 것이었다.

"직각삼각형으로 변한 것들을 공격해!"

준의 명령이 떨어지자, 카르다노의 병사들이 고함을 지르며 달려 나가 창을 휘둘러 직각삼각형들을 공격했다. 와장창 소리와 함께 직각삼각형들이 산산이 깨지고 조각났다.

"끄아악!"

 깨진 원뿔 안에서 희뿌연 영혼들이 연기처럼 새어 나와 순식간에 하늘을 뒤덮었다. 영혼들은 괴이하고 끔찍한 울음소리를 내면서 점점 준을 향해 다가왔다.

 "이게 어떻게 된 일이지?"

 준이 겁에 질려 뒤로 움찔 물러서려는데, 영혼들이 준을 에워싸고는 일제히 엎드려 머리를 조아리는 것이었다.

 "감사합니다, 하늘의 신 호루스여! 그대가 미노타우로스의 포로로 잡힌 저희를 구해 냈습니다!"

 영혼들은 그렇게 인사를 하고서 흩어졌다. 뿌옇게 흐렸던 하늘이 다시 환하게 밝아졌다.

 "이제 모두 끝난 건가?"

 준은 주위를 둘러보았다. 만 명의 병사들이 부상을 당하긴 했지만 모두들 살아 있었다. 병사들은 숨을 헐떡이며 준을 바라보고 있었다.

 "호루스 님, 이제 미로의 중심부인 미노타우로스의 성으로 가셔야 해요."

 디도 공주가 준에게 다가와 말했다.

 "성이라고요?"

"제가 길을 알아요. 안내할게요!"

준은 힘차게 고개를 끄덕였다.

"이제 미노타우로스를 무찌르는 일만 남았다. 나가자, 앞으로 가자!"

준은 팔을 번쩍 들며 소리쳤다. 그 말에 만 명의 병사들이 모두 우레와 같은 함성을 내질렀다.

"만세! 호루스 만세! 우리의 신 호루스여!"

미노타우로스를 무찌른 테세우스

Mission 3

미노타우로스의 저주를 풀어라

· 직육면체의 겉넓이 ·

미션 목표
직육면체의 겉넓이는 왜
(밑넓이)×2+(옆넓이)일까?

준과 아케르가 앞장서 걸었다. 카오루는 준의 머리 위를 맴돌며 주위를 살폈다. 준의 뒤로 긴 행렬이 이어졌다. 카르다노와 디도 공주가 준의 뒤를 따랐고, 그 뒤를 만 명의 병사들이 따랐다. 군대가 저벅저벅 발걸음을 뗄 때마다 땅이 쿵쿵 울리면서 커다란 소리가 사방에 울려 퍼졌다. 마치 거대한 거인이 걷고 있는 것 같았다.

"이 길이 미노타우로스의 성으로 가는 길이 틀림없죠?"

준이 디도 공주를 향해 물었다.

"네……."

그런데 공주는 뭔가 근심이 있는 듯 어두운 표정으로 고개를 돌렸다. 준은 아마도 미노타우로스와 벌이게 될 싸움이 두려워서 그런가 보다고 생각했다.

"걱정 마세요, 내가 그놈을 단숨에 없앨 테니까."

"쉬운 상대가 아닐 거예요."

"그렇겠죠. 하지만 난 하늘의 신 호루스예요. 누구도 나를 이길 수는 없어요."

준은 당당하게 말하며 어깨에 힘을 주었다. 예전의 준과는 완전히 다른 모습이었지만, 자신이 낯설거나 이상하게 느껴지지 않았다. 그러다 문득 자신에게 일어난 변화를 느끼고 흠칫했다. 자신이 신의 힘을 즐기고 있다는 것이었다.

'내가 호루스로 살고 싶어 하는 건 아닐까? 아냐, 아냐. 난 독고준이 더 좋아. 빨리 부모님을 구출해 집으로 돌아가야지. 정신 차리자, 독고준!'

준은 스스로 마음을 다잡으며 길을 재촉했다.

그렇게 얼마나 걸었을까. 으스스한 분위기를 풍기는 성이 아스라이 보였다. 준은 아케르의 등에 올라탔다.

"내가 먼저 가서 그놈과 맞서고 있겠다. 가자, 아케르!"

"네!"

아케르가 쏜살같이 달려 나갔다.

그런데 디도 공주는 그 모습을 바라보며 걱정스러운 표정을 지었다. 뭔가 할 말이 있는 듯 복잡한 표정으로 준의 모습을 바라보다가 한숨을 내쉬었다.

"공주님, 왜 그러십니까?"

카르다노가 걱정하며 묻자, 디도 공주는 고개를 가로저었다.

"아무것도 아니야……."

"어서 미노타우로스의 성으로 가시죠."

"그래……."

디도 공주는 망설이는 표정을 지었다가 못 이기는 척 카르다노를 뒤따라갔다.

그때였다. 갑자기 땅이 심하게 울리고, 하늘에 검은 먹구름이 몰려들기 시작했다. 먹구름은 꿈틀거리며 번개를 토해 내더니 곧 비를 쏟아 내기 시작했다.

'이게 뭐지?'

준은 하늘에서 쏟아지는 비를 맞으며 코를 킁킁거렸다. 빗방울에서는 지독하게 역겨운 냄새가 나는데다 끈적끈적하기까지 했다. 비릿한 썩은 생선 국물이 하늘에서 떨어지는 것 같았다.

"검은 비야! 하늘에서 검은 비가 쏟아져!"

"윽, 내 몸이 이상해! 꼼짝할 수가 없어!"

병사들이 몸을 비틀며 소리치기 시작했다. 그것은 디도 공주도 카르다노도 마찬가지였다. 아케르도 카오루도 땅에 발이 묶인 것처럼 한 발짝도 움직이질 못했다.

"왜 그러는 거야?"

"몸이 말을 안 들어요. 꼼짝도 할 수가 없어요!"

그때였다. 준의 머리 위를 맴돌던 카오루가 땅으로 풀썩 떨어졌다.

"카오루!"

"꺄악-깍!"

카오루가 숨을 헐떡이며 날개를 퍼덕거렸다. 하지만 애를 써 봐도 몸을 움직이질 못했다.

"아케르, 카오루를 안전한 곳으로 데려다 줘."

"호루스 님, 저도 움직일 수가 없습니다."

"카르다노, 너는 어떠냐?"

"저도 마찬가집니다."

병사들은 몸을 움직일 수 없다며 아우성이었다.

준은 어리둥절한 눈으로 그 광경을 쳐다보았다. 그런데 문제는 바로 이때부터 일어났다. 검은 비에 흠뻑 젖은 병사들이 갑자기 괴성을 지르기 시작한 것이었다.

"크아악! 꺄아악!"

병사들은 괴성을 지르며 온몸을 비틀어 대더니 두 눈이 시뻘개져서는 숨을 헐떡거리기 시작했다. 방금 전까지 용맹하고 기운 넘치던 병사들의 모습은 온데간데없이 사라지고 뭔가에 홀린 듯했다.

"으아아아악!"

카르다노 역시 비명을 질러 댔다. 카르다노의 눈에서 시뻘건 광기가 흘렀다. 아케르와 카오루도 마찬가지였다. 카르다노는 몸을 비틀며 디도 공주의 머리카락을 잡아당겼다.

"꺄악!"

공주가 아픔을 참지 못하고 소리쳤지만 카르다노는 공격을 멈추려 하지 않았다. 보다 못한 준이 몸을 던져 카르다노를 걷어찼다.

"이놈이 감히! 당장 이놈을 공격하라!"

흥분한 카르다노가 소리쳤다. 그러자 병사들이 준의 주위를 에워싸기 시작했다.

"다들 왜 이러는 거야? 정신 차려!"

준이 소리쳤지만, 그들에게는 준의 목소리가 들리지 않는 듯했다. 아케르와 카오루마저도 준을 공격하려 했다.

"그만, 그만하라고!"

준이 외마디 비명을 내질렀다.

"호루스 님, 저들의 귀엔 아무 말도 들리지 않을 거예요. 저들은 미노타우로스의 흑마법에 빠져 영혼을 잃고 말았으니까요."

디도 공주가 외쳤다.

"영혼을 잃었다고요?"

"네. 제겐 왕실 대대로 내려오는 백마법의 목걸이가 있어서 다행히 영혼을 지킬 수 있었지만, 저들은……! 설명할 시간이 없어요! 어서 피해야 해요!"

디도 공주가 급히 외쳤다.

"에잇!"

준은 병사들을 향해 마법을 쓰려고 했다.

"안 돼요, 그들은 우리 병사들이에요! 지금은 영혼을 잃어서 괴물이 되었지만, 미노타우로스만 물리치면 다시 원래 모습을 되찾을 거란 말이에요!"

"하지만……!"

다급한 상황이었지만 준은 침착하게 정신을 집중했다. 그러자 좋은 생각이 머리를 스쳤다. 준은 디도 공주에게 외쳤다.

"병사들이 이상해진 건 그 소머리 괴물이 이상한 비를 불러 왔기 때문이니까 그 비를 깨끗이 씻어 내면 해결될 거예요. 우선 깨끗한 물을 찾아야 해요."

"깨끗한 물이라면…… 저 사잇길로 가면 샘물이 있어요."

디도 공주와 준은 뛰기 시작했다. 그렇게 얼마나 달렸을까. 준과 디도 공주는 가까스로 샘물이 있는 곳에 도착했지만, 그곳엔 샘물 대신 얼음 기둥이 서 있었다.

"이게 어떻게 된 거지? 분명히 샘물이 있어야 할 자리인데…… 샘물이 얼음 기둥이 된 거 같아요. 어떡하죠?"

디도 공주가 금방이라도 울음을 터뜨릴 듯한 얼굴로 말했다.

주위를 두리번거리며 얼음 기둥을 바라보던 준의 머릿속에 기가 막힌 생각이 스치고 지나갔다.

'그래, 얼음도 물이 될 수 있어.'

준은 얼음 기둥을 만져 보았다. 마법으로 얼음이 된 기둥은 신의 힘으로도 쪼개거나 자를 수 없을 만큼 단단했다. 그러는 사이, 병사들이 우르르 몰려왔다. 디도 공주가 어쩌면 좋겠느냐며 발을 동동 굴렀다.

"공주님, 이 얼음 기둥을 잘라 낼 순 없을까요?"

"네?"

공주가 놀란 듯 눈을 동그랗게 떴다.

"설명은 나중에 할 테니까, 방법이 있는지 없는지 알려 주세요. 어서요!"

준이 몰려오는 병사들을 보고 소리쳤다. 그러자 디도 공주는 뭔가 생각난 듯 외쳤다.

"얼음 기둥에 숫자가 적혀 있을 거예요. 그 숫자의 비밀을 알아내시면 돼요. 마법의 힘을 가진 자가 그 비밀을 알아내면 얼음 기둥을 자유자재로 이용할 수 있다고 들었어요."

'얼음 기둥은 직육면체이고, 저 숫자들은 길이를 말하는 것 같은데…… 62는 뭘 뜻하는 걸까?'

준은 골똘히 생각에 잠겼다.

그때였다. 언젠가 수업 시간에 모둠별로 모여 '우리 집 모형

만들기'를 했던 게 생각났다. 그때 준과 영재는 집 안을 꾸미는 역할을 맡았다.

"집을 꾸미려면 먼저 벽지부터 예쁘게 붙여야지."

준은 색종이를 무작정 오려서 벽면에다 붙이려 했다. 그러자 영재가 집이 직육면체 모양이니까 겉넓이를 계산해서 그만큼의 색종이를 오리면 된다고 말했다.

"입체도형은 겉면의 넓이를 어떻게 구해?"

"간단하지, 모두 더하면 겉넓이가 되는 거야."

준은 직사각형이 6개 맞닿아 있는 직육면체의 겉넓이를 구하기 위해 직사각형의 넓이 6개를 모두 더했다.

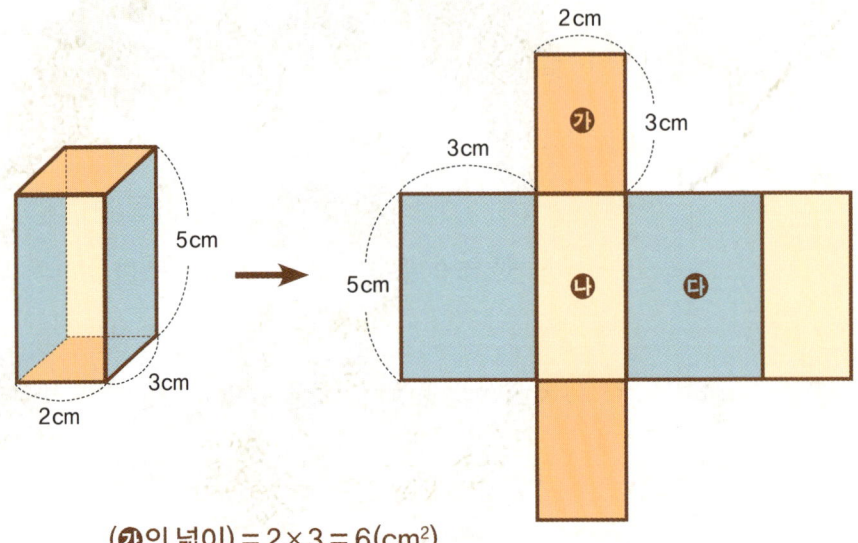

(㉮의 넓이) = 2 × 3 = 6(cm²)
(㉯의 넓이) = 2 × 5 = 10(cm²)
(㉰의 넓이) = 3 × 5 = 15(cm²)
(직육면체의 겉넓이) = (2 × 3) + (2 × 3) + (2 × 5) + (2 × 5)
                    + (3 × 5) + (3 × 5) = 62(cm²)

그걸 본 영재가 준의 어깨를 툭 치며 끼어들었다.

"뭘 그렇게 복잡하게 계산하고 그러냐? 더 쉽고 더 빨리 계산할 수 있는 방법이 있잖아."

"어떻게?"

준이 되묻자, 영재는 같은 모양이 2개씩 있는 직육면체 면을 가리켰다.

"봐, 서로 마주 보는 면이 똑같잖아. 그러니까 서로 다른 3개의 면의 넓이를 합한 다음 2배를 하면 되지."

(직육면체의 겉넓이) = {(2×3) + (2×5) + (3×5)}×2 = 62(cm^2)

"또는 밑넓이 2개와 옆넓이를 각각 구해 더해 줘도 겉넓이가 나온단 말씀!"

(직육면체의 겉넓이) = (밑넓이)×2 + (옆넓이)
 = (2×3)×2 + (3+2+3+2)×5 =62(cm^2)

"와, 너 수학 좀 하는데?"

"이 정도야, 영재 님한텐 껌이지. 난 천재보다 조금 부족한 영재니까. 크크."

준과 영재는 서로 키득대며 벽지를 꾸몄다. 준은 그때의 기억을 걷어 내며 눈을 떴다.

"그래, 직육면체 모양의 이 얼음 기둥의 겉넓이를 계산하면 (밑넓이)×2 + (옆넓이) = (3×2)×2 + (3+2+3+2)×5=62. 62는 바로 얼음 기둥의 겉넓이를 나타내는 숫자야!"

준은 이렇게 외치며 손가락 끝에 힘을 주었다. 그러자 손 끝에서 노란 광선이 뿜어져 나왔다. 준은 힘을 주어 광선으로 얼음 기둥을 잘랐다. 그러자 거대한 얼음 조각이 떨어져 나왔다.

준은 그 얼음을 치켜들고 몰려오는 병사들을 노려보았다.

"대체 뭘 하려고 그러시는 건가요?"

디도 공주가 걱정스러운 표정으로 물었다. 준은 대답 대신 얼음 조각을 위로 힘껏 집어던지며 엄청난 에너지를 쏘아 올렸다.

펑!

에너지 파를 맞은 얼음은 산산조각 나고 말았다. 잘게 쪼개진 얼음 조각이 비처럼 땅으로 후두두 떨어지면서 병사들의 머리 위로 흘러내렸다. 순간, 검은 타르처럼 끈적끈적하고 지독한 냄새를 풍기는 검은 비가 씻겨 내려갔다.

비록 몸이 홀딱 젖고 말았지만 덕분에 정신을 차리게 된 카르다노와 병사들은 새로운 생명을 얻은 듯 활기가 넘쳤다.

"호루스 님, 저희들의 목숨을 구해 주셨군요!"

병사들이 준에게 머리를 조아렸다.

"이게 모두 호루스 님 덕분입니다."

카르다노와 디도 공주도 고마워했다.

"긴장을 늦추면 안 됩니다. 아직 우리에겐 싸워야 할 상대가 있잖습니까."

준은 병사들과 디도 공주를 바라보다가 고개를 돌린 채로 어

두운 표정을 지었다. 엄마 아빠, 그리고 친구들이 걱정되었던 것이다.

"호루스 님, 무슨 걱정이라도 있으세요?"

디도 공주는 준의 얼굴이 그늘져 있다는 것을 눈치 챘다.

"아무것도 아니에요."

준의 눈에서 눈물이 뚝 흘러내렸다.

'엄마, 아빠! 대체 어디 계신 거예요? 제발 무사하셔야 해요.'

준이 훌쩍거릴 때였다.

"무슨 일인지 털어놔 보세요. 제가 도움을 드릴 수 있을지도 모르잖아요."

디도 공주가 다시 물었다. 준은 망설이다가 속엣말을 꺼내 놓았다.

"실은…… 제 부모님과 친구들이 붙잡혀 있습니다."

준은 고민 끝에 말을 이었다. 디도 공주는 이해가 안 된다는 듯 고개를 갸웃했다.

"누가 감히 하늘의 신인 오시리스 님을 붙잡았단 건가요?"

"아뇨, 그분들 말고 제 친부모님. 그러니까…… 호루스가 아닌 독고준의 부모님이 붙잡혀 계시다는 거예요."

"아!"

그제야 디도 공주는 상황이 이해된다는 듯 고개를 끄덕였다.

"그분들은 어디에 계시나요?"

"저도 그걸 모르겠어요. 대체 어디에 계신 건지……. 그분들이 계셔야 할 자리에 도플갱어들이 나타났지 뭐예요. 아케르의 말에 따르면, 그분들이 미노타우로스의 크노소스 미로 어딘가에 갇혀 계실 거라던데……. 제가 디도 공주와 함께 미노타우로스를 찾아가려는 이유가 바로 그거였답니다."

"그러셨군요. 그렇다면 우린 아주 잘 만난 거예요. 호루스 님의 부모님은 미로에 계신 게 맞아요. 미노타우로스는 그 성에다 신에게 바칠 제물을 감춰 두거든요. 우리의 목적지는 결국 같은 곳이었어요."

"제물이요? 우리 엄마, 아빠도 언제 제물로 희생될지 모를 일이네요? 그렇다면 이렇게 지체할 시간이 없어요. 빨리 가야 돼요!"

준이 다급히 일어서며 외쳤다. 준의 눈은 불처럼 이글이글 타오르고 있었고, 두 주먹은 파르르 떨리고 있었다. 준의 머릿속에는 소중한 사람들을 위험에 처하게 만든 세트와 부모님을 붙잡아 가둔 미노타우로스, 하트셉수트 여왕을 가만두지 않겠다는 생각으로 가득했다.

Mission 4

크노소스의 미로

· 직육면체의 부피와 들이 ·

미션 목표
· 부피와 들이는 무엇일까?
· 부피가 크면 들이도 클까?

어느덧 준과 디도 공주 일행은 미로 속 가장 깊은 곳인 미노타우로스 성 앞에 다다랐다. 모두들 끝도 보이지 않을 만큼 어마어마하게 높은 성을 숨죽여 올려다보며 전의를 불태우고 있을 때였다. 어디선가 화살 하나가 휙 날아왔다. 준은 반사적으로 고개를 옆으로 돌려 화살을 피했다.

"누구냐!"

준이 화살이 날아온 쪽을 향해 소리쳤다. 그때 디도 공주가 화살을 집어 들어 살펴보더니 이렇게 외쳤다.

"호루스 님, 여기 편지가 있어요."

"편지?"

호루스! 네 부모와 친구들을 구하고 싶으면 성 안으로 들어오라. 단, 반드시 혼자 와야 한다.

준이 주먹을 꼭 움켜쥐었다.

"설마 혼자 가시려는 건 아니시죠? 거긴 위험해요. 아무리 강한 능력을 지닌 호루스 님이라 하더라도 함부로 가선 안 되는 곳이라고요."

"아뇨, 그렇다고 해도 가야 해요. 전 부모님과 친구들을 구해야 하니까요."

디도 공주는 흔들림 없는 준의 표정을 읽고 나서 준에게 작은 약병 하나를 내밀었다.

"이게 뭡니까?"

"백마법으로 만든 약이에요. 언젠가 꼭 필요할 때가 있을 거예요. 저희도 미노타우로스를 물리칠 날만을 기다려 왔지만, 호루스 님께 그 기회를 양보할게요. 저희는 이곳에서 기다리고 있겠습니다."

준은 약병을 움켜쥔 채 디도 공주를 물끄러미 바라보았다.

"호루스 님, 저희도 따라가게 해 주십시오."

아케르와 카오루가 나서려 했다.

"아니, 혼자 오라고 했으니 나만

가야지. 자칫 잘못했다간 엄마랑 아빠가 위험할 수도 있어."

준은 비장한 얼굴로 성을 향해 발을 뗐다. 성 안으로 들어서자 어둡고 갑갑한 길이 끝없이 이어졌다. 아무리 걸어도 끝이 보이지 않는 것만 같았다. 걷고 또 걷던 준은 지쳐서 숨이 턱밑까지 차올랐다.

"도대체 여기가 어디지……. 아까 지나갔던 곳 같기도 하고……."

준은 주위를 두리번거리며 한숨을 내쉬었다. 그런데 벽 한쪽에 뭔가 기대고 앉아 있었다. 자세히 살펴보니 하얀 해골이었다.

놀란 준은 뒤로 움찔 물러섰다. 미로 속에서 출구를 찾아 헤

맨 듯 손을 허공으로 뻗고 있는 모습이 안타깝기까지 했다. 그런데 준의 눈에 해골의 손가락에 끼워져 있는 반지가 들어왔다.

"이게 뭘까……."

반지는 매우 신비한 빛깔을 띠고 있었다. 반지에 박힌 구슬은 마치 사람의 눈알처럼 보였다. 준은 반지를 빼 자기 손에 껴 보았다. 반지는 준의 손가락에 꼭 맞았다. 마치 준의 손가락에 끼워지기를 기다렸던 것 같다는 느낌이 들 정도였다.

준이 반지 낀 손가락을 쫙 펼쳐서 보고 있을 때였다. 반지에 박힌 구슬에서 빨간 빛이 새어 나오더니 바닥을 비추었다. 그 빛은 마치 길을 안내하기라도 하듯 먼 바닥으로 이어져 있었다. 빛이 가리킨 길은 지금까지 준이 걸어온 길과는 반대쪽이었다. 준은 빨간 빛을 따라서 조심스럽게 걸어갔다. 아무리 막강한 힘을 가진 호루스라 할지라도 마음만큼은 어리고 평범한 독고준이었으니, 미로를 혼자 걷는 게 당연히 무서웠다. 준은 후들거리는 다리를 꾹 참고 걸어 나갔다.

꺄약!

갑자기 구석에서 뭔가 휙 나타났다. 등에 날개 같은 것이 돋아 있고 긴 머리카락을 치렁치렁하게 늘어뜨린 여자 셋이었다. 특이한 것은 그 여자들의 얼굴이었다. 얼굴에는 눈도 없고 오로지 한 명에게만 이빨이 하나 있을 뿐이었다.

"누, 누구냐!"

"우린 그라이아이다!"

여자 가운데 하나가 입을 벌려 낮은 목소리로 말했다.

"그라이아이?"

준이 되물을 때였다. 방금 전에 말을 한 그라이아이가 자신의 입에서 이빨을 빼더니 옆에 있는 그라이아이에게 내밀었다. 그러자 또 다른 그라이아이가 얼른 이빨을 입 안으로 밀어 놓고는 말을 하는 것이었다.

"우린 눈알을 찾고 있다. 혹시 우리 눈알을 봤느냐?"

"눈알?"

순간 준의 손가락에 끼워진 반지 속의 눈동자가 달가락 움직였다.

"눈알이 없으니까 불편해서 살 수가 있나, 원. 우린 눈알 하나랑 이빨 하나를 셋이서 나눠 써. 그게 불편하긴 해도 눈알이 있을 땐 이것저것 볼 수 있어서 편했는데……."

"맞아, 눈이 있으면 어느 통에 더 많은 물이 들었는지 확인할 수 있을 텐데!"

세 그라이아이 앞에는 두 개의 직육면체 통이 놓여 있었다.

준이 한눈에 보기에도 두 통의 크기는 확연히 달랐다. 한쪽이 다른 한쪽보다 좀 더 커 보였다.

"어느 쪽에 물이 더 많이 들어 있는지 확인하려는 것이냐?"

"그래."

"그야 당연히 크기가 큰 통에 물이 많이 들어 있는 거 아닌가?"

준이 묻자, 그라이아이들이 낄낄거리며 웃었다.

"우리도 처음엔 그런 줄 알았지. 하지만 아니더라고."

"아니라고?"

"이건 부피가 같은 직육면체의 안쪽을 파서 만든 통이야. 하나는 두께를 1 cm로 하고, 다른 하나는 3 cm로 해서 판 것이지."

준은 두 개의 통을 물끄러미 쳐다보았다. 순간 엄마가 팥빙수를 담아 주던 모습이 떠올랐다. 그때 준은 자기가 좋아하는 팥빙수를 더 많이 달라며 칭얼거렸다. 그런데 엄마가 알겠다고 대답해 놓고는 준에겐 작은 그릇에 퍼 주고, 아빠에겐 큰 그

릇에다가 퍼 주는 것이었다. 준은 엄마에게 서운해서 한참 토라져 있었다. 나중에 엄마가 웃으면서 부피가 크다고 들이도 큰 건 아니라며 화를 풀라고 도닥거려 주었다.

(직육면체의 부피) = (밑면의 가로의 길이) × (밑면의 세로의 길이) × (높이)

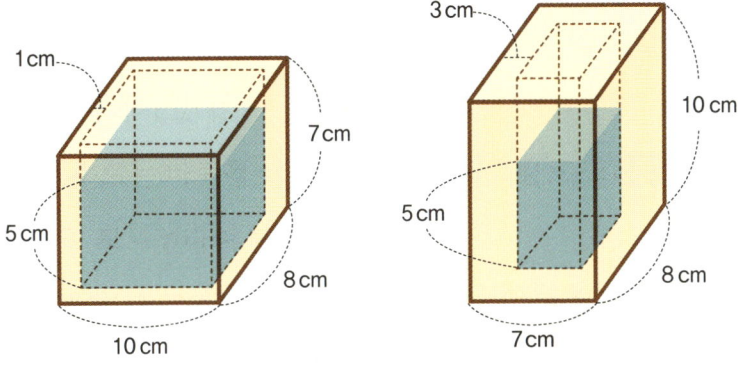

그릇의 부피 : $10 \times 8 \times 7 = 560 \, (cm^3)$ $10 \times 8 \times 7 = 560 \, (cm^3)$
그릇의 들이 : $8 \times 6 \times 6 = 288 \, (cm^3)$ $1 \times 2 \times 7 = 14 \, (cm^3)$
물의 부피 : $8 \times 6 \times 5 = 240 \, (cm^3)$ $1 \times 2 \times 5 = 10 \, (cm^3)$

"그래. '부피'는 그릇이 차지하는 공간의 크기이고, '들이'는 그릇 안에 들어갈 수 있는 공간의 크기였어. 만약 부피가 같다면 두께를 3 cm로 한 상자의 들이가 더 작을 거야. 두께가 두꺼

울수록 안쪽의 공간은 작아지잖아."

준이 혼잣말로 중얼거릴 때였다. 그라이아이들이 퉁명스럽게 물었다.

"뭘 그렇게 중얼거리는 거야?"

"우리 눈알은 못 봤냐고!"

"크크, 너무 흥분하지 마. 우리 눈알을 가져간 놈은 틀림없이 이 미로 어딘가에 있을 거야. 뛰어 봤자 벼룩이지. 우리가 없으면 아무것도 할 수 없어. 나가지도 들어가지도 못하지. 영영 길을 찾을 수 없을 거야."

그라이아이들은 이빨 하나를 번갈아 주고받으며 말했다.

준은 그 말을 듣자, 반지를 높이 들어올렸다. 그러자 그라이아이의 눈알이 데굴데굴거리며 셋을 번갈아 보았다. 눈동자는 마치 주인을 보고 반가워서 어쩔 줄 모르는 강아지 같았다.

"방금 무슨 소리가 났는데?"

"맞아. 우리 눈알 소리 같았어."

"젠장, 눈알이 없으니까 어디 있는지 찾을 수가 없잖아. 눈알아, 눈알아, 이리 오렴!"

준은 용기를 내 그라이아이들에게 물었다.

"난 미노타우로스를 찾고 있다. 내가 만약 그 눈알을 찾아 주면 미노타우로스를 만날 수 있는 방법을 알려 주겠느냐?"

그러자 그라이아이가 단번에 대답했다.

"그야 당연하지."

"좋아, 까짓 거."

"그렇게 해 주지."

준은 반지를 빼서 그라이아이들에게 내밀었다. 그라이아이 하나가 얼른 눈알을 빼서 이마 한가운데에 끼어 넣고는 주위를 둘러보더니 소리쳤다.

"보인다, 보여! 이제야 살 것 같네!"

다른 그라이아이가 다시 이빨과 눈알을 후다닥 빼앗더니만 신이 나서 소리쳤다.

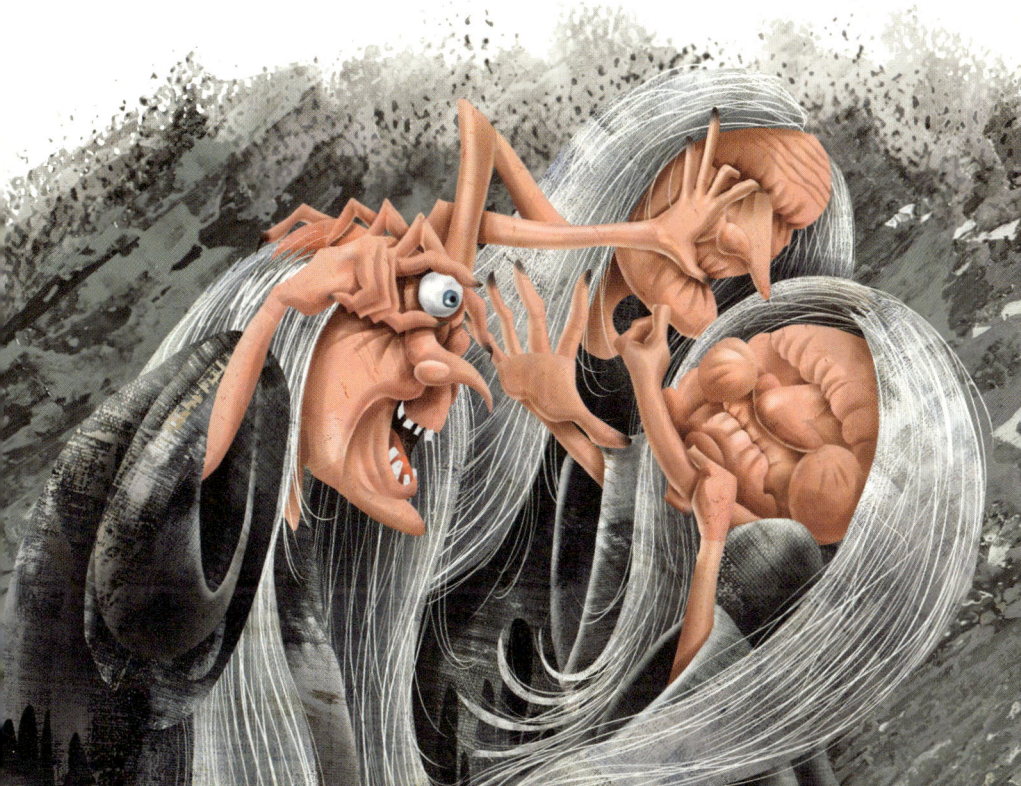

"나도 보인다, 보여, 이게 얼마 만에 보는 세상인지! 아이고, 신난다!"

그라이아이들은 신이 나서 한동안 서로 눈알과 이빨을 번갈아 끼워 가며 왁자지껄하게 떠들었다. 준은 그런 그라이아이들에게 약속대로 미노타우로스가 있는 곳을 찾을 방법을 알려 달라고 했다.

"좋아, 길을 안내하지."

"아니, 지금은 안 돼. 우선 내 부모님과 친구들을 찾아야 하거든."

"사람을 찾는다고?"

"그래, 미노타우로스와 하트셉수트가 그들을 납치해 갔어. 그분들을 찾으면 그때 이곳을 빠져나갈 방법을 알려 줘."

준의 말에 그라이아이들이 음침하게 웃었다.

"조심해, 여긴 고르곤들이 득실거리니까."

"고르곤?"

"머리카락 대신 뱀이 달려 있고 멧돼지 같은 송곳니를 번쩍거리는 괴물이지. 고르곤의 눈을 정면으로 마주 보면 돌이 되고 말아."

"돌이 된다고?"

"하트셉수트가 그것들을 잔뜩 풀어놨더군. 미노타우로스 하나만으로도 미로가 꽉 찰 정도로 비좁은데 고르곤들까지 우글대고 있다고."

"맞아, 다음에 만나면 따끔하게 한소릴 해야겠어."

그사이 준은 그라이아이들의 눈알이 박힌 반지를 획 빼앗아 버렸다. 놀란 그라이아이들이 무슨 짓이냐며 소리를 꽥 질렀다.

"아무래도 너희들이 그 녀석들과 가까운 사이인 것 같아서 믿을 수가 없어. 우선 내 부모님과 친구들을 되찾게 되면 그때 이 눈알을 돌려주도록 하지. 당분간 기다리도록 해."

준은 그라이아이들을 밀치고 미로 속으로 걸어 들어갔다. 그라이아이들의 눈알 덕분인지 아무리 헤매도 찾을 수 없던 길이 눈에 보이기 시작했다. 멀리서 그라이아이들의 아우성치는 소리가 고래고래 들려왔지만 준은 걸음을 멈추지 않았다.

"이쪽으로 가면 뭔가 나올 것 같은데……."

준이 오른쪽과 왼쪽으로 갈라진 갈림길에 서 있을 때였다. 왼쪽 끝에서 익숙한 목소리가 쩌렁쩌렁 울렸다.

"대체 저것들을 언제까지 가둬 놓아야 하지? 배가 고파서 견딜 수가 없잖아. 신선한 인간을 마음껏 먹고 싶단 말이야!"

"기다려. 지금 저 인간들을 먹어 버리면 독고준인지 호루스인지 하는 놈을 이쪽으로 유인할 수 없잖아."

그 목소리는 바로 미노타우로스와 하트셉수트였다. 준은 벽에 몸을 바짝 붙인 채 둘이 나누는 이야기를 들었다.

"대체 세트 님은 언제 오시는 거지? 우리 소원은 언제 들어주시는 거야?"

"기다리라고! 이 일만 끝나면 세트 님께서 우리에게 영원한 힘을 주실 거야. 그러니까 참으라고!"

하트셉수트는 짜증이 난 듯 버럭 소리쳤다. 그러자 미노타우로스는 구석으로 가 앉았다. 미노타우로스는 눈을 번뜩이며

이렇게 중얼거렸다.

 "쳇, 세트에게서 힘만 얻으면 앵무새처럼 떽떽거리는 하트셉수트도 없애 버리겠어. 내가 먼저 힘을 얻기만 하면 되겠지. 흐흐흐! 일단 힘을 얻고 나면 세트 놈도 가만두지 않겠어. 툭하면 이것 해라, 저것 해라 하고 나한테 명령을 하다니. 감히 이 미노타우로스를 뭘로 보고!"

 그 말을 들은 준은 자기 귀를 의심했다.

 '세트? 세트라고? 방금 세트라고 했어. 틀림없이!'

 준이 입을 틀어막은 채로 숨을 죽이고 있을 때였다. 하트셉수트가 어디론가 가는 소리가 들렸다. 준은 미노타우로스에게

들키지 않도록 살금살금 걸었다. 그때 하트셉수트가 낮은 목소리로 투덜거리는 소리가 들렸다.

"먹을 것만 밝히는 소머리 괴물 같으니라고. 세트 님께서 내게 영원한 아름다움만 주신다면 제일 먼저 널 없애 버릴 테다."

하트셉수트가 차가운 표정으로 고개를 돌렸다. 준은 하트셉수트의 모습이 사라질 때까지 기다렸다가 슬그머니 고개를 내밀었다. 갈림길을 보니 오른쪽 길로 미로가 이어져 있었고, 왼쪽 길 끝에는 광장처럼 넓은 장소가 있었다. 그곳의 가운데에는 황금으로 만든 의자가 놓여 있고, 양 옆에 조각상들이 빳빳하게 서 있었다.

"저, 저건!"

그 조각상들을 본 준은 소스라치게 놀라지 않을 수 없었다. 그도 그럴 것이 조각상은 준의 엄마와 아빠, 그리고 영재와 혜리였던 것이다. 준은 고르곤이라는 괴물의 눈을 보면 돌로 변하고 만다는 말이 떠올랐다. 아마도 준의 엄마와 아빠, 영재와 혜리는 고르곤 때문에 조각상이 된 것 같았다.

미노타우로스는 바위에 기대 금방 코를 골며 잠이 들었다. 준은 살금살금 미노타우로스가 있는 곳을 향해 갔다. 그러자 조각상이 된 엄마, 아빠의 표정이 바뀌는 것이 아닌가. 몸은 딱

딱하게 굳었어도 살아 있는 게 틀림없었다.

　엄마는 입을 쩍 벌린 채 준을 향해 외마디 비명을 지르는 표정을 하고 있었고, 아빠는 두 눈을 휘둥그레 뜬 채 무언가를 보고 놀란 표정이었다. 영재와 혜리는 눈을 질끈 감은 채 무서움에 질린 표정이었다.

　"조금만 기다려. 내가 곧 구해 줄게."

　준은 조각상이 된 엄마 아빠와 친구들을 향해 말하고는 살금살금 다가갔다. 바로 그때였다.

　"꺄악!"

　황금 날개를 반짝이는 뭔가가 공중에서 후드득 날아오더니 준을 향해 소리치는 것이었다. 고르곤들이었다.

　놀란 준은 몸을 굴려 다른 쪽 벽으로 바짝 붙었다. 그사이 번쩍 눈을 뜬 미노타우로스가 고개를 치켜들고 소리쳤다.

　"뭐냐, 시끄럽게!"

　"꺄아악!"

　고르곤들이 황금 날개를 푸덕거리며 소리쳤다.

　"시끄럽게 굴지 말고 저리 가! 난 배가 고파서 움직일 기운도 없단 말이다. 그 망할 놈의 호루스와 싸우느라 에너지를 너무 많이 써 버린 것 같아."

미노타우로스는 당장이라도 조각상이 된 인간들을 먹어치우고 싶다고 중얼거리다가 또다시 잠이 들었다. 준은 가쁜 숨을 돌리고는 다시 미노타우로스와 고르곤이 있는 쪽으로 살금살금 다가갔다. 고르곤들이 날개를 파닥파닥거리며 준을 향해 날카롭게 소리쳤다. 하지만 깊이 잠든 미노타우로스는 꼼짝도 하지 않았다.

"팟!"

준은 황금 날개를 파닥거리며 쫓아오는 고르곤을 향해 에너지를 쏘았다. 그러자 마치 파리가 윙윙거리다가 파리채를 맞고 기절하듯이 고르곤이 바닥에 힘없이 나뒹굴었다.

"쳇, 별것도 아니잖아."

준은 살금살금 걸어가서 돌 조각상이 된 엄마와 아빠, 그리고 영재와 혜리를 번쩍 안아들었다. 엄마와 아빠가 입을 벙긋거리려 했다.

'아차, 난 지금 호루스의 모습이지? 독수리 머리를 한 괴물이 나타나서 공격하는 거라고 생각할 수도 있겠네.'

준은 엄마와 아빠의 귀에다가 소곤소곤 말했다.

"쉿, 저는 여러분을 도와주려고 왔어요. 곧 이곳에서 탈출시켜 드릴게요."

준은 단번에 조각상 네 개를 들고 왔던 길을 되돌아왔다. 그러자 그라이아이들이 우왕좌왕하며 서 있는 게 보였다. 준은 약속대로 그라이아이들에게 눈알을 돌려 줄테니 미로를 빠져나가는 길을 알려 달라고 했다.

"이 빨간 실타래를 데굴데굴 굴려 봐."

그라이아이 하나가 빨간 실타래를 내밀었다.

"그 실타래가 굴러가는 쪽으로 따라가면 나갈 수 있지."

"거기가 출구라네."

준은 그라이아이들에게 눈알이 박힌 반지를 빼 주었다. 그때였다. 그라아이아가 찢어질 듯 날카로운 비명을 지르며 미노타우로스를 부르는 것이었다.

"저 녀석이 조각상을 납치해 가려 한다!"
"저놈을 잡아라!"

그 소리에 놀라서 잠이 깬 미노타우로스와 정신을 차린 고르곤들이 씩씩대며 달려왔다.

준은 난감했다. 혼자라면 얼마든지 싸우겠지만 엄마, 아빠, 영재, 혜리를 짊어진 채로 싸울 수는 없었던 것이다. 만약 싸우다가 잘못하면 엄마나 아빠가 다칠 수도 있는 노릇이었다.

'어쩌면 좋지?'

망설이던 준은 우선 실타래를 굴려 보았다. 그러자 빨간 실이 데굴데굴 미로를 향해 굴러갔다.

'엄마랑 아빠가 움직일 수만 있다면 먼저 도망치라고 할 텐데!'

준이 이런 생각을 하며 헐레벌떡 뛸 때였다. 고르곤들이 날카로운 소리를 지르며 준을 공격하려 했다. 그라이아이가 알려 준 모양이었다.

"다들 물러서!"

준이 이러지도 저러지도 못한 채 우물쭈물 할 때였다. 미노타우로스가 고르곤들을 헤치고 앞으로 나섰다.

"아니, 넌! 벼랑 끝으로 떨어졌는데도 살아 있었군! 끈질긴 놈. 그런데다 날 골탕을 먹였겠다! 그 원수를 갚아 주마."

미노타우로스가 쿵쿵거리며 다가왔다.

준은 조각상이 된 엄마, 아빠를 보호하려고 일부러 앞으로 나섰다. 그러자 미노타우로스가 준을 향해 엄청난 펀치를 휘둘렀다. 준의 몸이 허공으로 붕 떠올랐다.

"윽!"

그 바람에 준의 주머니에 있던 약병이 하늘로 붕 솟구쳤다. 디도 공주가 준 마법의 약병이었다. 약병은 하늘을 빙그르 날아서 조각상이 된 엄마, 아빠의 발 앞에 떨어졌다.

졸졸졸.

약병에서 액체가 흘러나왔다. 그 순간 놀라운 일이 벌어졌다. 마법의 액체가 조각상의 발끝에 닿자마자 신기하게도 조각상이 서서히 사람의 모습으로 바뀌는 것이었다.

"엄마 아빠, 영재랑 혜리도 구해 주세요!"

준은 그렇게 소리치고 미노타우로스를 향해 돌진했다. 미노타우로스가 뿔을 앞으로 내세우고 사납게 뛰어왔다. 준은 미

노타우로스의 뿔을 양손으로 붙잡은 채 있는 힘껏 앞으로 밀어붙였다.

"이놈! 이거 놓지 못해?"

"싫어, 너야말로 당장 물러서지 못하겠느냐!"

준과 미노타우로스는 팽팽하게 맞섰다. 그사이 조각상이 되었다가 다시 원래 몸으로 되돌아온 엄마와 아빠가 어리둥절하게 선 채 준과 미노타우로스를 바라보았다.

"어서 그 마법의 약을 영재랑 혜리한테도 뿌려 주세요!"

"네? 네, 네!"

엄마가 잽싸게 마법의 약병을 낚아챘다. 다행히 약병 속에는 몇 방울의 액체가 남아 있었다. 엄마는 떨리는 손으로 영재와 혜리의 머리 위에 액체를 뿌렸다. 순간, 돌로 변했던 영재와 혜리가 거짓말처럼 사람이 되었다.

고르곤 세 자매

고르곤은 괴물 세 쌍둥이를 부르는 말이다. 세 쌍둥이의 머리털은 살아있는 뱀이고 온몸은 비늘로 덮여 있다.

고르곤은 황금 날개를 갖고 있어서 여기저기 날아다니며 사람들을 괴롭혔다.

난 스텐노! '힘센 여자'란 뜻이지.

난 날개가 튼튼해서 에우리알레. '멀리 떠돌아다닌다'는 뜻이지.

난 메두사. '여왕'이란 뜻이야.

고르곤 세 쌍둥이 가운데 가장 아름다운 건 메두사였다.

고르곤에게는 아주 신비한 힘이 있었다. 누구라도 눈이 마주치면 돌로 변해, 인간뿐 아니라 신들에게도 공포의 대상이었다.

윽!

세트를 추방하라

· 여러 가지 문제 ·

미션 목표
공식이 없는 문제는 어떻게 해결해야 할까?

"**어서 도망쳐요!** 이 빨간 실을 따라가면 출구가 나올 거예요!"

준은 엄마, 아빠에게 영재와 혜리를 데리고 도망치라고 말하고서 미노타우로스와 맞붙기 시작했다. 미노타우로스는 씩씩거리며 어마어마한 힘으로 준을 공격했다.

쿵! 쾅!

둘의 치열한 몸싸움 때문에 벽이 무너지고 땅이 우르르 흔들렸다. 준은 안간힘을 쓰며 공격했다. 하지만 미노타우로스의 엄청난 힘을 당해 내기에는 무리였다.

'저 소머리 괴물이 이렇게까지 강했던가?'

준이 숨을 헐떡이며 생각하고 있을 때였다.

"역시 호루스답군. 미로를 돌아다니면서 마법의 독가스를 마셨을 텐데, 이렇게나 오랫동안 버티다니. 박수라도 쳐 줘야겠어."

날카로운 목소리의 주인공은 바로 하트셉수트였다.

순간, 준은 미로를 헤매고 다닐 때 느꼈던 이상한 기운을 떠올렸다. 춥고 으스스하던 기운이 독가스였다니! 준은 다리에 힘이 풀리고 팔이 떨려 왔다. 하지만 애써 내색하지 않고 소리쳤다.

"독가스라니? 그런 것도 준비해 뒀나 보군. 그런데 어떡하나. 나는 이렇게 멀쩡한데 말이야."

"흥, 얼마나 더 버티나 두고 보자."

하트셉수트가 코웃음을 쳤다. 그때 미노타우로스가 콧김을 팽 내뿜더니 뿔로 준을 들이받았다. 미처 피하지 못한 준의 몸이 공중으로 붕 떠올랐다가 곤두박질쳤다.

탁!

준의 몸이 차가운 바닥에 내동댕이쳐지자 고통스러운 기운이 밀려들기 시작했다. 준은 숨이 턱 막히고 괴로워서 견딜 수가 없었다. 온몸이 타들어 가는 듯한 고통이 느껴졌던 것이다.

"이제야 독가스가 온몸으로 퍼지나 보군. 어때, 괴롭지?"

하트셉수트가 놀리듯 물었다.

준은 두 손으로 목을 움켜쥔 채 비틀거리며 뒤로 물러섰다. 그러자 미노타우로스가 쐐기를 박듯 준을 공격했다. 준은 고통스런 신음을 내뱉으며 나뒹굴었다.

'큰일이다. 도망친 엄마, 아빠와 친구들이 독가스 때문에 위험해지는 건 아닐까!'

준이 이런 생각을 하며 눈을 부릅뜰 때였다.

"이제 세트 님께 말씀드리자."

미노타우로스가 준을 내려다보며 말했다.

"세, 세트?"

준은 자기도 모르게 되물었다.

"그래, 너를 없애면 세트 님께서 나를 온전한 신으로 만들어 주신다고 약속하셨지."

"온전한 신이라고?"

"난 신이라기보단 괴물에 가깝지. 나도 엄연히 신의 피를 물려받았는데 말이야. 항상 사람들에게 손가락질을 받아 왔어. 그런데 세트 님께서 나를 천상의 신으로 만들어 주신다지 뭐야."

미노타우로스가 씩 웃으며 말했다.

"훗, 내겐 영원한 젊음을 주시겠다고 약속하셨지."

하트셉수트가 끼어들며 말했다.

준은 미노타우로스와 하트셉수트가 자신을 공격한 이유가 무엇인지 깨닫게 되자 화가 치밀어 견딜 수가 없었다.

"세트, 이놈! 가만두지 않겠다!"

준은 온몸의 기운을 끌어모으며 소리쳤다.

그동안 참아 왔던 분노가 준의 온몸에서 터질 듯이 번져 나갔다. 그것은 숨어 있던 힘이었다. 엄마, 아빠와 친구들을 구하기 위해 몸속 깊은 곳에서 잠자고 있던 힘이 폭풍처럼 솟구친 것이었다.

순간, 준의 눈이 파란 빛을 내며 반짝였다. 그리고 몸에서는 불덩이보다 더 뜨거운 기운이 퍼져 나왔다. 믿을 수 없을 정도로 강력한 에너지였다. 준은 손을 앞으로 뻗었다. 동시에 엄청난 기운의 불기둥이 솟구쳐 올랐다. 그 불기둥은 미노타우로스의 정면을 향해 나아갔다.

"크악!"

미노타우로스는 그 불기둥에 얻어맞고 바닥으로 나뒹굴었다. 놀란 하트셉수트가 뒤로 움찔 물러섰다.

"더 이상 세트가 못된 짓을 하고 다니게 놔둘 순 없어. 신의 세계를 어지럽히는 그놈을 내 손으로 없애 버리겠다!"

준은 날카로운 눈빛을 내며 소리쳤다.

동시에 하트셉수트의 몸이 화르르 불타올랐다.

"으아아아악!"

하트셉수트는 뜨거운지 발버둥을 쳤다.

"세트, 이놈! 이제 네 차례다. 남의 뒤에 숨어 있지 말고 정정당당하게 모습을 드러내라!"

그러자 어디선가 음침한 웃음소리가 들려왔다. 준은 웃음소리가 난 쪽으로 몸을 휙 틀었다.

"호루스, 네가 계속 큰소리를 칠 수 있을까?"

준은 자기 눈을 의심했다.

세트가 엄마와 아빠, 그리고 친구들을 인질로 붙잡고 서 있었기 때문이었다. 준은 손을 뻗어 엄마를 붙잡으려 했다. 그러자 세트의 몸이 연기처럼 사라지는 것이었다.

"엄마!"

"흐흐, 걱정하지 마라. 독가스를 마시고 쓰러진 것을 내가 데려온 거니까."

"제발 부모님과 친구들은 살려 줘!"

준이 애원했다. 하지만 세트는 잔인할 만큼 냉정한 목소리로 웃음을 터트릴 뿐이었다.

"세트, 네가 원하는 대로 다 하겠어. 그러니까 제발 부모님과 친구들의 목숨만은……."

준이 바닥에 무릎을 꿇었다. 그러자 세트가 홀연히 다시 나타났다.

"방법이 아예 없는 건 아니지."

"뭘 어떻게 하면 되는 거냐!"

"네 눈을 뽑아라."

"뭐라고?"

준은 눈을 부릅떴다.

"그 왼쪽 눈을 다오. 그러면 먼 옛날 그랬던 것처럼 그 눈을 갈기갈기 찢어서 세상 곳곳에 뿌릴 테다."

"정말 이 눈만 주면 엄마랑 아빠, 친구들은 살려 주는 거냐?"

세트는 대답하는 대신 "크크크" 하고 웃었다. 준은 천천히 손을 들어 눈을 향해 갔다. 준의 손이 왼쪽 눈을 감싸 쥐었을 때였다.

"안 돼!"

외마디 비명과 함께 이시스와 오시리스의 그림자가 일렁이며 나타났다. 그것은 진짜 이시스와 오시리스가 아니라 우주 저편에서 보내 온 영상 신호 같은 것이었다.

"호루스, 지금 무슨 짓을 하려는 거냐?"

준은 이시스와 오시리스를 보고 멈칫했다. 그러자 이시스가 준의 몸을 와락 껴안았다.

"넌 이 세상을 지배하는 신이야!"

"그 눈을 뽑으면 신의 능력을 모두 잃게 된단 말이야."

오시리스도 준을 막아섰다.

"이시스 님, 그리고 오시리스 님, 죄송합니다. 저의 진짜 부모님은 이분들이에요. 힘없고 평범한 지구인이지만, 저는 이분들을 위해 목숨을 바칠 각오가 돼 있어요."

준은 오로지 엄마, 아빠와 친구들을 구하겠다는 마음뿐이었다. 준은 신으로 사는 것도, 엄청난 힘을 갖는 것도 싫다며 엄마, 아빠를 살려 달라고 애원했다.

"어서 선택해, 안 그러면 이 인간들을 당장 한 줌의 재로 만들어 버릴 테니까."

세트가 위협적으로 말했다.

준은 자신의 눈을 향해 손을 뻗었다.

"으으윽!"

준은 고통을 꾹 참으며 눈동자를 뽑았다. 엄청난 고통이 밀려들었지만, 준은 이를 악물었다.

"좋아, 그 눈을 이리 다오."

세트가 손을 뻗어 준의 눈을 낚아챘다.

준은 몸을 비틀거리며 고통에 찬 신음을 내뱉었다. 신의 눈을 잃어버린 준은 온몸에서 힘이 빠져나가는 것 같았다. 종잇장 하나 들 수 없을 정도로 나약해진 팔과 다리가 후들후들 떨려 왔다.

비참해진 준의 모습을 보고 이시스는 눈물을 흘렸고, 오시리스는 눈을 감았다. 그들은 조용히 사라졌다.

"흐흐흐, 이 눈만 있으면 나는 영원한 힘을 얻게 된다!"

세트는 준의 눈을 움켜쥐고 포악하게 웃었다. 그때 미노타우로스가 대들 듯 말했다.

"세트 님, 약속대로 저를 천상의 신으로 만들어 주십시오."

"약속? 내가 언제 그런 약속을 했느냐."

"틀림없이 저와 하트셉수트에게 약속하셨잖습니까. 호루스를 잡아 온다면 반은 인간이고 반은 괴물인 제 흉측한 모습을 바꿔 준다고요. 그래서 멋있는 천상의 신이 되도록 해 주시겠다고요."

"맞아요, 저도 영원한 아름다움을 간직한 신이 될 수 있게 해 주신다고 했잖아요!"

하트셉수트도 소리쳤다.

"흐흐, 난 그런 약속 따윈 기억나지 않는데?"

세트는 비열한 웃음을 짓더니 등을 돌리려 했다. 그 모습을 본 미노타우로스가 세트를 거칠게 가로막았다.

"약속을 어기시려는 겁니까?"

미노타우로스의 코에서 거친 김이 푹푹 뿜어져 나왔다.

"가소로운 것! 난 이미 호루스의 눈을 가졌다. 이 눈만 있으면 세상에서 가장 강한 존재가 될 수 있어! 감히 내게 대항하려는 것이냐?"

"하지만 약속이……."

미노타우로스가 말끝을 흐리자, 세트는 이렇게 말했다.

"좋다, 네가 만약 이 문제를 푼다면 소원을 들어주도록 하지."

"네?"

미노타우로스가 황당해 하며 머리를 긁적였다.

"어, 어떤 문젠데요?"

미노타우로스가 살짝 겁을 먹은 표정으로 물었다. 하트셉수트도 긴장된 표정으로 세트를 보았다.

"나는 이 세상에 있는 모든 원의 둘레의 길이는 똑같다고 생

각한다. 하지만 그렇지 않다는 것을 증명해 봐라."

준은 한쪽 눈을 손으로 막은 채 바닥에 쓰러져 있었다. 고통에 온몸을 떨면서도 준은 문제에 대해 생각했다.

'원의 크기는 다양하다. 크기가 큰 것도 있고, 작은 것도 있지. 세 살 먹은 어린애도 아는 사실인데, 어떻게 모든 원의 둘레의 길이가 똑같다며 말도 안 되는 주장을 하는 걸까?'

세트는 허공에 두 개의 수레바퀴를 그렸다.

(가)

(나)

"잘 보아라. 큰 수레바퀴 안에 작은 원이 있다. 이 수레바퀴를 한 바퀴 굴려 (가)에서 (나)까지 움직였다고 해 보자. 그러면 수레바퀴의 둘레의 길이는 (가)에서 (나)까지의 거리와 똑같다고 할 수 있다.

그리고 큰 수레바퀴를 한 바퀴 굴릴 때, 수레바퀴 안에 있는 작은 원도 함께 돈다. 그러니까 작은 원이 한 번 돌면서 움직인 거리도 (가)에서 (나)까지의 거리와 똑같게 된다. (가)에서 (나)까지의 거리가 큰 수레바퀴의 둘레의 길이였으니까 큰 수레바퀴와 작은 원의 둘레의 길이가 똑같다는 뜻이 아니냐?"

"그럴 리가 없는데……."

미노타우로스는 헷갈려서 머리를 긁적였다. 참다못한 하트셉수트가 채찍을 풀어 줄처럼 들고는 수레바퀴의 큰 원과 작은 원의 길이를 쟀다.

"두 원의 둘레의 길이는 분명히 달라. 그런데 왜 세트 님의 말이 맞다고 느껴지지?"

미노타우로스와 하트셉수트는 바퀴를 굴려 보고 바닥에 그림도 그려 보았다. 이유를 알아내려고 갖은 방법을 다 썼지만 헛수고였다.

"어떻게 해서 길이가 같은 거지? 뭐가 잘못된 거야?"

미노타우로스가 끙끙거리다가 세트에게 물었다.

"세트 님, 문제가 잘못된 게 아닐까요?"

"크흐흐, 문제를 알아맞히든 말든 그건 네 자유다. 더 이상 내게 묻지 마라. 그 정도도 못 풀면서 천상의 신이 되기를 바랐단 말이냐? 쳇!"

세트는 이렇게 말하고 등을 돌려 버렸다.

"이렇게 어려운 문제를 어떻게 풀란 겁니까?"

"세트 님, 설마 저희한테 속임수를 쓰시는 건 아니겠죠?"

미노타우로스와 하트셉수트가 발을 동동 굴렀지만, 세트는 아랑곳 않고 사라져 버렸다.

바로 그때 바닥에 쓰러졌던 준이 안간힘을 쓰며 미노타우로스에게 기어 왔다.

"이봐, 소머리 괴물, 후…… 방법이 있어."

"뭐?"

"문제를 풀 방법이 있다고…….”

"그게 뭔데!"

"그 전에 조건이 있어. 세트는 너희와의 약속을 지키지 않을 거야. 그러니 차라리 날 도와줘. 내가 세트를 물리치게 도와달란 말이야."

"흥, 우리더러 세트 님을 배신하라는 거냐?"

하트셉수트가 콧방귀를 뀌었다.

"어때, 나와 손잡고 세트를 혼내 주는 것이? 나는 우리 부모님과 친구들의 목숨만 구하면 돼. 눈 따위는 필요 없어. 네가 세트에게 눈을 뺏는다면, 넌 세트보다 더 강력한 힘과 지혜를 갖게 될 거야."

미노타우로스는 솔깃한 표정을 지었지만, 선뜻 대답을 못 하고 우물쭈물거렸다.

하트셉수트는 바퀴를 굴려 보고 바닥에 그림도 그려 보았지만, 도저히 모르겠다며 짜증을 냈다.

"모르겠어! 모르겠단 말이야! 이건 답이 없는 문제야! 세트 님이 우리를 골탕 먹이려고 일부러 이런 문제를 낸 거야!"

콧김을 씩씩 뿜어 대던 미노타우로스가 하트셉수트에게 속삭였다.

"저 녀석 말을 믿어 보면 어떨까?"

"어차피 지푸라기 잡을 힘도 없는 녀석이니까, 우리야 손해 볼 일은 없겠지."

미노타우로스와 하트셉수트는 서로 고개를 끄덕여 보이고는 바닥에 쓰러진 준에게 다가갔다.

"마지막 기회를 준다, 만약 허튼수작을 부리면 영영 앞을 못 보게 만들어 버릴 테다."

"크ㅎㅎㅎ."

준이 웃었다.

"왜 웃는 것이냐? 우리가 가소롭냐?"

"역시 너희는 하나만 알고 둘은 모르는군. 수레바퀴가 왜 꼭 원이어야 한다고 생각해? 네모일 수도 있잖아."

"뭐?"

준의 말에 미노타우로스와 하트셉수트가 어리둥절한 눈길로 서로를 바라보았다.

"너희는 그동안 착각에 빠졌던 거야. 바퀴는 당연히 원 모양이어야 한다고 말이지."

하트셉수트는 준의 말대로 네모 모양의 정사각형 바퀴를 그려 한 바퀴 굴려 보았다.

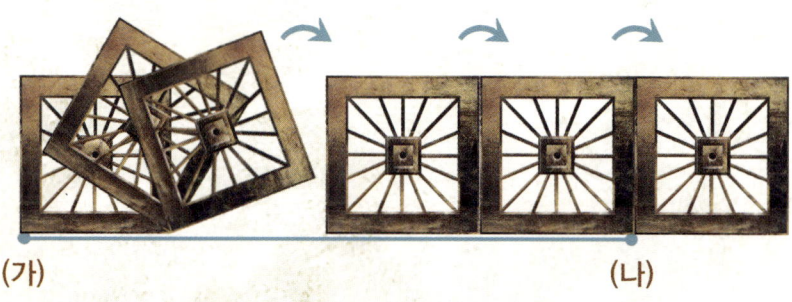

(가) (나)

"아니, 이럴 수가! 이걸 봐!"

하트셉수트의 외침에 미노타우로스가 고개를 쳐들었다.

"큰 정사각형 속에 작은 정사각형을 넣고 큰 정사각형을 네 번 굴리면 한 바퀴 돌게 돼. 이때 (가)에서 (나)까지의 거리는 큰 정사각형의 둘레의 길이와 똑같아."

준은 그림 속의 작은 정사각형을 가리키며 말했다.

"하지만 큰 정사각형이 구를 때, 작은 정사각형은 칸을 건너뛰면서 구르게 돼. 즉, 작은 정사각형은 듬성듬성 뛰어 넘어가면서 구르는 거지. 그러니까 큰 정사각형의 둘레의 길이는 작은 정사각형의 둘레의 길이보다 2배가 더 커. 이런 모습이 원에서는 잘 보이지 않지만 사각형으로 만들면 잘 보여."

"우와! 우리가 왜 이렇게 쉬운 걸 못 푼 거지? 난 정말 소머리인가 봐."

미노타우로스가 두 뿔을 벅벅 긁었다.

준은 이 세상에는 아직 풀지 못한 수학 문제들이 많을 거라는 생각이 들었다.

'그래, 공식의 암기만으로 풀지 못하는 문제는 원리를 정확히 알고 생각하는 방식을 조금만 바꾸면 풀 수 있어!'

"어, 내 몸이 왜 이러지?"

갑자기 미노타우로스가 자신의 팔과 다리를 살피며 의아해했다. 그것은 하트셉수트도 마찬가지였다. 보랏빛이 둘의 머리부터 발끝까지 감돌면서 강력한 힘을 내뿜는 것이었다.

"아! 우리가 이 놀라운 문제를 풀어서 새로운 능력을 얻게 되었나 봐!"

"으히히, 이제 세트 정도는 가볍게 물리칠 수 있겠어!"

미노타우로스와 하트셉수트가 신기한 얼굴로 기뻐하는 찰나였다. 갑자기 세트의 목소리가 울렸다.

"이놈들! 문제를 풀려고 저 녀석과 한패가 된 게냐?"

"우린 더 이상 네 말을 듣지 않겠다!"

"이제 우린 네 부하가 아니다! 문제를 풀면 우리가 원하는 걸 들어주겠다고? 흥! 더는 안 속아!"

미노타우로스와 하트셉수트가 소리쳤다. 그러자 사라졌던 세트의 모습이 허공 속에 스르륵 나타났다.

"이놈들, 따끔한 맛을 봐야 정신을 차리겠구나!"

세트가 미노타우로스와 하트셉수트를 공격했다. 동시에 엄청난 힘이 미노타우로스에게 쏟아졌다.

"끄악!"

미노타우로스는 펄쩍 뛰며 비명을 질렀다.

"이제야 내 말을 듣겠……어? 이게 어떻게 된 일이지?"

"흐흐흐, 끄악, 끄악, 흐흐흐, 방금 모기가 날 물었나?"

미노타우로스가 무슨 일이 있었냐는 듯 혀를 날름거리며 세트를 놀려 댔다. 비명을 지른 건 장난이었다.

"더 이상 네놈은 우리 대장이 아니야!"

미노타우로스가 씩씩거리며 세트를 향해 돌진했다.

쿠앙!

미노타우로스의 뿔이 방심하고 있던 세트의 허리에 꽂혔다.

"으윽! 네 이놈이!"

세트는 외마디 비명을 내질렀다. 그 바람에 세트의 손에 쥐어져 있던 호루스의 눈이 바닥에 굴러떨어지고 말았다. 준은 아무도 모르게 재빨리 그 눈을 주웠다.

"날 만만하게 보지 마라! 이래 봬도 기운 하나는 최고라고!"

미노타우로스가 성난 황소처럼 쿵쿵거리며 세트를 향해 또다시 돌진했다. 세트가 달려드는 미노타우로스의 뿔을 양손으로 붙잡으려 하자, 하트셉수트가 채찍을 날려 손을 못 쓰게 만들었다.

"나도 만만하게 보지 마!"

셋은 서로 싸우느라 정신이 없었다. 그 틈에 준은 재빨리 호

　　　루스의 눈을 다시 끼워 넣었다. 그러자 몸에서 엄청난 에너지가 다시 살아나는 것이 느껴졌다.

　준의 강한 에너지를 받은 아케르와 카오루도 반지와 목걸이에서 튀어나왔다.

　"으아앗!"

　준은 세트를 향해 엄청난 힘을 내뿜었다. 아케르와 카오루도 몸을 던져 세트를 공격했다.

　사방에서 공격 받은 세트는 고통스러워 하며 몸을 비틀었

다. 하지만 미노타우로스는 더욱더 강하게 세트를 밀어붙였다. 하트셉수트도 채찍을 더욱 세게 휘둘렀다.

준은 온몸의 기운을 다 끌어모아 뜨거운 에너지를 내뿜었다. 마치 핵폭탄이 터지듯 강렬한 힘이었다.

미노타우로스와 하트셉수트에게 가로막혀 옴짝달싹하지 못하게 된 세트는 버둥거리다가 마지막 에너지를 토해 냈다.

그 에너지는 하트셉수트의 채찍을 따라 흘렀고, 하트셉수트는 검은 재가 되고 말았다. 그리고 아케르와 카오루마저 흰 연기를 뿜으며 털썩 쓰러졌다.

꺄아아악!!!

마지막 힘마저 다 쏟아 버린 세트는 한 줄기 검붉은 빛이 되고 말았다. 그것은 세트가 영원히 추방되었다는 걸 의미했다.

세트가 사라지자, 준은 무너지듯 바닥에 주저앉았다. 그 서슬에 힘겹게 숨을 몰아 쉬던 미노타우로스가 절벽 아래로 굴러 떨어졌다.

준은 연기가 모락모락 나는 아케르와 카오루에게 기어가듯 다가가 살폈다.

"어떻게 된 거지? 아케르? 카오루? 괜찮아?"

아케르와 카오루가 끄응 하고 간신히 숨을 토해 냈다.

준은 누군가 자신의 등에 손을 얹는 게 느껴졌다.

"괜찮으냐, 호루스?"

오시리스와 이시스였다.

"네가 이 전쟁에서 최후의 승자로 남을 줄이야!"

"호루스, 너의 전쟁은 위대했다. 악의 신 세트는 빛으로 변해 영원히 우주를 떠돌게 됐단다."

"휴…… 어쨌든 다행이네요."

긴장이 풀린 준은 바닥에 주저앉은 채 안도의 한숨을 내쉬었다.

오시리스와 이시스가 쓰러진 준을 부축하려 했다. 하지만 준은 둘의 손을 뿌리치며 말했다.

"세트가 영원히 추방됐다면 인질로 붙잡혀 있는 우리 엄마, 아빠는요? 어떻게 되는 거죠? 그분들을 찾아 주세요. 제발 부탁이에요. 두 분은 신이시니까 가능하잖아요."

"그렇게도 그 부모를 놓질 못하겠느냐?"

이시스가 물었다. 준은 희미해지는 의식을 붙잡으며 간신히 대답했다.

"네…… 저는 엄청난 힘을 가진 호루스 신보다 평범한 소년인 독고준이 더 좋아요. 죄송해요, 오시리스 님, 이시스 님."

"좋아, 네 뜻을 존중해 주마. 하지만 네게 무슨 일이 생긴다면 우린 언제든 다시 너를 찾아갈 것이다. 우린 네 편이니까. 자, 이제 널 지구로 돌려보내 주마."

준은 목걸이와 반지를 벗어 이시스의 손에 올려놓았다.

"아케르, 카오루. 우리도 이별할 때가 되었구나. 다시 신의 세계로 돌아가렴. 이시스 님, 아케르와 카오루의 상처를 잘 치

료해 주세요."

이시스와 오시리스는 고개를 끄덕이고는 안개처럼 사라져 갔다.

"오시리스 님, 이렇게 가 버리시면 어떡해요! 제 부모님과 친구들을 찾아 주셔야죠. 그리고 저희를 지구로 돌려보내 주세요! 어서요!"

놀란 준이 소리를 지르며 손을 뻗으려 할 때였다. 갑자기 엄청난 피로와 졸음이 밀려왔다. 준은 자기도 모르게 정신을 잃고 까무러쳤다.

얼마나 긴 시간이 지났을까. 준은 누군가 뺨을 톡톡 두드리는 것을 느끼고 눈을 떴다. 준의 눈앞에 영재가 서 있었다.

"야, 독고준, 너 때문에 또 지각하겠어. 어서 일어나!"

영재는 준의 코앞에 얼굴을 바짝 들이밀고서 투덜거렸다.

"여, 영재야……."

"너, 학교 안 갈 거야?"

준은 벌떡 몸을 일으켰다. 방 안을 둘러보니 모든 게 그대로였다. 문을 열고 부엌으로 가 보니 아빠가 식탁에서 신문을 읽고 있었고, 엄마는 아침을 준비하고 있었다. 준은 너무나 기뻐 엄마 곁으로 달려갔다.

"엄마 아빠, 괜찮으세요……? 간밤에 잘 주무신 거죠?"

그 모습을 본 영재가 어이가 없다는 표정으로 팔짱을 끼며 물었다.

"야, 독고준, 갑자기 효자됐냐?"

"그러게 말이다. 얼마 전에도 이 엄마랑 아빠를 와락 끌어안으면서 다행이라고 하지 않았겠니?"

엄마가 웃으며 영재에게 한쪽 눈을 찡긋해 보였다.

준은 멋쩍은 표정으로 엄마 아빠를 쳐다보고는 얼른 화장실로 뛰어 들어갔다. 연거푸 세수를 한 준은 거울을 물끄러미 바라보았다.

"이제 모든 게 제자리로 돌아온 거야. 제자리……."

그런데 순간 거울 속에 이시스와 오시리스의 얼굴이 나타났다. 준이 깜짝 놀라 뒤로 물러서자, 이시스가 말했다.

"그렇게 놀랄 거 없다. 네 소원대로 인간인 엄마와 아빠, 친구들을 살려 준 거니까."

"미로에 붙잡혔던 악몽 같은 기억도 지워 줬지. 너희 부모와 친구들은 아무 기억도 못할 것이다."

오시리스가 말했다.

"호루스, 아니 지구 소년 준. 다시 널 우리의 세계로 부를 일은 없을 게야. 넌 위대한 마지막 수학 전사였다."

"고마워요……."

준이 눈물을 글썽이며 말했다.

영재가 화장실 문을 두드리며 거기에 살림이라도 차린 거냐며 빨리 나오라고 성화였다. 준은 눈물을 훔치고 얼른 밖으로 나왔다.

"야, 너 정말 지각하려고 작정했어?"

"아냐, 준비 다 했어."

잔뜩 뿔이 난 영재가 굼벵이를 먹기라도 했냐며 투덜거렸다. 준은 그런 영재의 머리를 마구 헝클어뜨리며 웃었다.

"영재야, 다시 돌아와서 널 만나니 너무 반갑다."

"뭐? 얘가 아직 잠이 덜 깼나!"

준은 어리둥절해 하는 영재를 두고 현관문을 얼른 나섰다. 멀리 걸어가는 혜리가 보였다. 햇살은 따뜻하고 아름다웠고, 하늘은 그 어떤 날보다 푸르러 보였다.

'이제 난 독고준으로 사는 거야. 독고준…….'

준은 이렇게 생각하며 활짝 웃었다.

그렇게 몇 달이 지났다. 어느 날, 준은 숙제를 하려고 책상에 앉았다가 멈칫하고 말았다. 방금 전까지만 해도 책상 위에 놓여 있던 연필과 지우개가 온데간데없이 사라진 것이다.

'내가 잘못 봤나?'

준은 이런 생각을 하며 공책을 책상 위에 올려놓고 화장실에 다녀왔는데, 이번엔 공책이 감쪽같이 사라지고 없었다. 준이 고개를 갸웃거리고 있을 때였다.

"이상하다, 지갑이 어디 갔지?"

아빠가 소파에서 뭔가를 찾고 있는 게 보였다.

"국자가 사라졌네. 여보, 식탁 위에 놔둔 국자 못 봤어요?"

엄마도 뭔가를 찾고 있었다.

준은 이게 대체 무슨 일일까 하고 생각했다. 그런데 마침 영재로부터 전화가 걸려 왔다.

"준아, 큰일 났어."

수화기 너머로 마치 무슨 일이 생긴 것처럼 호들갑스럽게 소리치는 영재의 목소리가 들려왔다.

"왜?"

"준아, 큰일났어. 지구에 구멍이 났나 봐."

"그게 무슨 똥딴지같은 소리야?"

"뉴스 좀 봐, 뉴스 좀!"

준은 거실로 나가 텔레비전 리모컨을 꾹 눌렀다. 마침 앵커가 뉴스를 전하는 모습이 화면에 나왔다.

"요즘 세상이 이상합니다. 좀도둑이 극성인 걸까요, 아니면 지구에 구멍이라도 난 걸까요. 툭하면 물건이 사라지고 있습니다. 경찰에 접수된 분실 신고만 해도 이번 주에 벌써 4만 건을 넘어섰습니다."

"준아!"

준은 넋 놓고 텔레비전을 보다가 영재의 목소리에 겨우 정신을 차렸다.

"어, 어……."

"넌 뭐 없어진 거 없어? 난 숙제까지 실컷 해 놓은 공책이 없어졌어! 이럴 줄 알았으면 숙제를 안 하는 건데!"

"난……."

준은 영재에게 잠깐 있다가 전화하겠다고 한 뒤 방으로 돌아갔다. 책상에 올려 둔 물건이 정말로 사라진 것인지 다시 한 번 살펴보려던 것이다. 준은 연필과 지우개를 찾으려고 책상 서랍을 열어 보았다. 그런데 연필과 지우개는 그 자리에 없었다.

그때 준은 뭔가 이상한 낌새를 느꼈다. 그리고 창문에 비친 자기 모습을 보고 소스라치게 놀라 비명을 질렀다. 자신의 모습이 사자 가죽을 머리에 둘러쓴 모습으로 바뀌어 있었다.

"이, 이게 어떻게 된 거지?"

준은 거울에 비친 자신을 바라보며 그 자리에 털썩 주저앉고 말았다.

그라이아이 세 쌍둥이

그라이아이는 원래 포르키스와 케토가 낳은 쌍둥이 세 딸로, 고르곤의 언니들이다.

윽, 애들 얼굴이 왜 이래!

그라이아이는 태어날 때부터 백발에 주글주글한 주름 투성이 얼굴을 하고 있었다.

응애! 응애!

여보, 애들이 너무 늙었어요.

그거보다 심각한 건 두 애들이 눈도 없고 입도 없다는 거야.

아무래도 셋은 쌍둥이니까 눈이랑 입을 나눠서 써야겠어요.

그, 그게 가능해?

마법을 걸어야죠!

무사히 돌아왔지만 다시 사자의 탈을 쓴 모습으로 변한 준. 4권에서는 무슨 일이 벌어질까요?